吉首大学立人教育通识课特色教材

文化旅行：中国传统与传统中国

朱金林　编著

西南交通大学出版社
·成　都·

图书在版编目（CIP）数据

文化旅行：中国传统与传统中国 / 朱金林编著. —成都：西南交通大学出版社，2017.9（2018.7 重印）

ISBN 978-7-5643-5769-6

Ⅰ. ①文… Ⅱ. ①朱… Ⅲ. ①中华文化－高等学校－教材 Ⅳ. ①K203

中国版本图书馆 CIP 数据核字（2017）第 225770 号

文化旅行：中国传统与传统中国

朱金林　编著

责任编辑　郭发仔
助理编辑　王　硕
封面设计　原谋书装

出版发行　西南交通大学出版社
（四川省成都市二环路北一段 111 号
西南交通大学创新大厦 21 楼）
邮政编码　610031
发行部电话　028-87600564　028-87600533
官网　http://www.xnjdcbs.com
印刷　四川煤田地质制图印刷厂

成品尺寸　170 mm × 230 mm
印张　10.5
字数　176 千
版次　2017 年 9 月第 1 版
印次　2018 年 7 月第 4 次
定价　58.00 元
书号　ISBN 978-7-5643-5769-6

总序

进入21世纪以来，随着国家高等教育大众化发展战略的确立、教育经费投入的逐年增长以及高校办学自主权的逐步扩大，我国高等教育的发展迎来了新的历史机遇。在新的发展语境中，高校如何突破此前同质化发展的困境，主动回应社会关切，自觉适应经济社会发展，努力破解机制体制障碍，大力提高人才培养质量，凝练办学特色，打造人才培养品牌，是高校建设发展必须面对的现实课题。吉首大学地处湘鄂渝黔四省市交界处，近年来竭力突破与生俱来的基础弱势与区位劣势，直面当前高等教育发展的时代难题和现实挑战，以“立人教育”为旗帜统领学校的教育教学工作，构建了独具特色的高等教育理论框架和人才培养体系，大力推动了人才培养的综合改革与协同创新，强化了学校人才培养的特色。

“立人教育”立足学校办学定位，主动对接区域发展国家战略、区域产业发展需求、人民群众脱贫致富需要，从人本教育思想中吸收精神养料，确立将人的成长、发展与完善作为自己的本体价值，通过高等教育实践，每一个受教育者都形成正确的世界观、人生观和价值观，成为一个有独立精神、自由思想和责任担当的顶天立地的生命个体。在人才培养规格上受启发于“人的全面发展理论”和全人教育思想，从对一个“正常人”、“健康人”、“全面人”应该要具备的各种要素和内容，提出了自己的理解和看法，并尝试提出了育人的“营养配方”。在纵深结构的着力点和落脚点上与中国当代素质教育思想的理念和目标一致，是对中国当代素质教育思想的具体化，并将之贯彻到“立人教育”的育人实践之中，通过将知识与生命体验联系起来，内化成人正确的、稳定的心理品质，进而使受教育者真正地立起来。在现实关怀层面上，“立人教育”继承人类历史上平民教育思想的主要价值取向，结合学校办学定位与所在服务区域的现实需要，以及自身承担的社会责任和办学功能，围绕区域经济社会发展对高层次人才的需求来培养人才，将立足区域、服务区域、发展区域，将服务百姓、造福百姓，作为自己与生俱来的历史责任和现实使命。

为实现服务区域经济社会发展的人才培养和打造学校办学品牌的目标，按照“立人教育”的人才培养理念和目标定位，学校构建了“课程引导、环境熏陶、实践历练、自我塑造”四位一体的“立人教育”人才培养实践体系，激活并聚合了育人要素，拓宽了人才培养渠道，形成了人才培养合力。课程引导，主要着眼于课程教学。在课程层面，学校构建了以专业课程为主体，以通识课程、创新创业课程为两翼的“一体两翼”课程体系。课程教学在教授知识的同时，更为重要的是通过知识背后的精神与观念引导学生形成正确的价值观念，启迪学生心智。环境熏陶，是指通过打造“生态校园”、“文化校园”和“数字校园”，为学生成才提供良好的外部熏陶，通过外部环境的影响，让学生的心性得到滋养，人格得到养成。实践历练，是指通过科学构建实践教学体系，搭建实践教学平台，统筹安排学生的专业实践、情感交流、社会实践、创新创业实践。通过实践历练，让学生真实地感受到知识背后的冷暖、坚守和疼痛，领悟知识背后的价值观念和人生信仰，进一步增强对学校服务区域的了解、认同，加强同服务区域的情感联系，增强服务区域的自觉性。自我塑造，是指积极创造各种形式的学生自我管理、自我学习和自我教育的机会与途径，为学生的自我塑造提供平台。学生通过自我塑造，形成独立而又正确的人格理想、价值信念，在内心里能够建构一套正确的价值观念体系，成为一个有责任、敢担当、能奉献、有情趣的现代知识分子与合格公民。

学校自2009年起，以通识教育为突破口，按照“立人教育”的育人理念，推动并实施教育教学综合改革。2011年以后，又将“立人教育”从通识教育层面拓展到专业教育层面，并将之作为吉首大学人才培养品牌进行构建和培育。在通识教育层面，学校又构建了“科学素养、人文精神、创新能力、艺术情趣、本土文化”五大通识课程群。每个通识课程群开设了相互关联、相互支撑的系列课程，并依据各专业的知识结构和培养特点对学生在这五类通识课程的选修上提出了具体要求，以避免学生在知识、能力和价值观念方面产生结构性缺失。在课程教学中，除了传统的知识教学之外，更为重要的是要求教师引导学生了解和洞察知识生成背后的求真意志、创新精神、人生态度和审美情怀。本次由西南交通大学出版社出版的首批“吉首大学立人教育通识课特色教材”就是学校教师长期承担通识课程教学和教材研究的结果。它们有力地支撑了学校“立人教育”人才培养理念的落实，强化了学校人才培养的特色，夯实了“立人教育”教育品牌的构建，为学校教育教学改革和人才培养作出了贡献。我们期待将来能有更多的高质量、有特色且自成体系的立人教育通识课特色教材问世。

是为序。

编委会

2017 年 8 月 23 日

前言 //

21 世纪以来，国民经济的高速增长也带来了文化产业的发展，在“古为今用，洋为中用”的文化传承理念中，人们该接受怎样的传统文化教育和现代文化洗礼，恐怕一直以来是文化人关注、争论与探讨不止的话题。有人说中华文明是学习的文明、宽容的文明和对话的文明，其实中华文化博大精深，恐怕学习、宽容与对话还不足以概括其文明的全部内涵和实质。作为华夏子孙，学习、传承、发扬和创新中华民族传统文化，是我们每个文化人包括高校师生义不容辞的责任。中国传统文化浩如烟海，知识体系庞杂，很难一时掌握其底蕴和脉络。

幸运的是，一大批文化人一直走在探索、学习、研究和传承中华传统文化的路上，一直走在实现“两个一百年”奋斗目标和中华民族伟大复兴的中国梦上。中国中央电视台国际频道《文明之旅》电视节目自 2010 年底开播以来，以央视节目主持人刘芳菲以及文化学者彭林、于丹和梅毅等为代表的中国文化传播人，一直在为国内外越来越多的忠实观众传播中华文明和中华文化。

耳濡目染也好，润物细无声也罢，几年来每周必看的央视四套《文明之旅》，浸润了我的文化血液和细胞，近些年来一直从事高校素质课教学工作，我对本科学生存在的文化素养问题也比较熟悉；前几年因为某些原因导致身体健康有所下降。因为传统文化学习、素质课教学和身体健康的这“三合一”，编者渐渐萌生出版一部反映高校人文精神、科学素养类素质课教材的想法，于是，历经数年的素材准备和近两年的文字编写，便有了这本《文化旅行：中国传统与传统中国》。与其说编著的是一部高校素质课教材，不如说是对二十多期央视《文明之旅》节目的学习、整理、消化、吸收和完善。在此，一并对各期节目老师（按教材目录先后参考顺序）彭林教授、于丹教授、李汉秋先生、赵霖教授、赵玉平教授、郦波教授、康震教授、吕立新教授、樊正伦先生、舒乙教授、梅毅先生、陈连山教授和刘魁立先生等表示感谢，也一并对杨锐先生、董倩女士和刘芳菲女士表示感谢。

虽说这是一部教材，但也是一本集修身、安命、齐家、励志、养生和休闲于一体的书，是一本融合中国古代传统与现代文化的“家常”和“人生旅行”之书，是一本陶冶情操、修身养性和养生休闲的书，也是一本传承中华文明、提升文化素养和生活品味的书。本教材的读者主要为高校学生、中学生、中青年学生家长和中老年人等。本书共分六章：第一章《修身：中国孝敬文化之旅》，主要讲述中国传统孝敬文化和诚信文化；第二章《安命：中国饮食文化之旅》，主要讲述饮食文化概况、茶文化、醋文化和豆腐文化；第三章《齐家：中国教育文化之旅》，主要讲述家教文化、诸葛亮《诫子书》、颜氏家训和曾国藩家书；第四章《励志：中国历史名人之旅》，主要讲述庄子、李白、苏轼和齐白石四位名人的“励志”文化；第五章《健康：民间传统四季之旅》，主要讲述在“春生夏长秋收冬藏”和“春温夏热秋凉冬寒”中，如何顺应四时之变化，讲究饮食养生、运动养生、五脏养生及疾病预防；第六章《休闲：中国节日文化之旅》，主要讲述中国传统四大节日春节、清明、端午和中秋节的起源、饮食、习俗等。

此书出版的价值和意义主要在于：从职场或办公室回到家，泡一杯茶，读一本书，让我们一同品味何为孝敬与诚信、“见贤思齐，见不贤则内自省”、“己所不欲，勿施于人”、“严以律己，宽以待人”；何为“药食同源”和膳食平衡；何为家书、家风和家教；为何年轻学李白、苏轼，中年学庄子，老年学齐白石；何为“顺四时而生，逆四时而亡”；何为中国传统四大节日以及如何过节……

本书在编著过程中拜读了众多专家学者的著作，参阅了大量新浪、腾讯等网络资源，并摘编了相关内容。在此，向相关作者表示诚挚的感谢。由于编者水平有限、时间仓促，书中错误和不足之处敬请读者朋友批评指正（来邮请发：693198926@qq.com）。

编　者

2017 年 7 月

目录//

第一章　修身：中国孝敬文化之旅

本章主要讲述中国传统孝文化、敬文化和诚信文化。中华民族是一个讲“孝道”的民族，在所有的善举当中，“孝”排第一位。“修己以敬、修己以安人、修己以安百姓”、“人无信不立”……诸多关于孝敬和诚信的古训至今仍对我们有重大教育意义。

第一节　孝行天下*

一、何为孝

俗云：“百善孝为先”、“人之行莫大于孝，孝为德之本。孝是道德心、爱心和感恩心的源头”。佛经《观无量寿经》中载，修净业三福的第一福：“孝养父母，事奉师长，慈心不杀，修十善业”。孝的历史、孝文化从舜至今已有几千年了，我们先看一下古人先贤，如何论孝。孝在《说文解字》中的解释为：“孝，善事父母者。”也就是“善于侍奉父母长辈”。甲骨文的孝是这样写的：“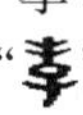”。上面的部分“”是“老”字的省略，指长长发者，下面的部分“”是“子”，指后代，“”的意思就是老人在上，小孩在下，表示儿孙搀扶老人。它的造字本义就是：“儿孙搀扶老人，服从和奉养父母、长辈。”

（一）孔子论孝

子曰：“今之孝者，是谓能养。至于犬马，皆能有养；不敬，何以别乎？”（子游问孝）孔子说：“当今的人谈孝，只是说到能赡养父母。但对犬马，人们不也都在畜养吗？如果对父母不敬，那赡养父母与畜养犬马又有什么区别呢？”

---

* 本节内容参考了 2014 年 11 月 3 日央视 4 台《文明之旅》栏目彭林教授主讲的“孝行天下”。

图 1 “孝，善事父母者”

子曰：“色难。有事弟子服其劳，有酒食先生馔，曾食以为孝乎？”（子夏问孝）孔子说：“侍奉父母能做到和颜悦色很难。有事情年幼者代劳，有酒食让年长者享用，难道这就可以算做孝了吗？”子曰：“父母唯其疾之忧。”（孟武伯问孝）孔子说：“让父母只为儿子的疾病担忧。”子曰：“无违。生，事之以礼；死，葬之以礼，祭之以礼。”（孟懿子问孝）孔子说：“不要有违于礼。父母活着的时候，依礼侍奉他们；父母过世了，依礼安葬他们、祭祀他们。”子曰：“父在，观其志；父没，观其行；三年无改于父之道，可谓孝矣。”孔子说：“当他父亲活着，（因为他无权独立行动）要观察他的志向；父亲死了，要考察他的行为；若他对父亲的合理部分，长期不加改变，可以说做到孝了。”

图 2 “父在，观其志”

子曰："弟子，入则孝，出则悌，谨而信，泛爱众，而亲仁。行有余力，则以学文。"孔子说："后生小子，在父母跟前，就孝顺父母；离开自己的家，便敬爱兄长；寡言少语，说则诚实可信，博爱大众，亲近有仁德的人。这样躬行实践之后，有剩余力量，就再去学习文化。"子曰："昔者天子有诤臣七人，虽无道，不失其天下；父有诤子，则不陷于不义。"从前，天子身边设有直言相劝的谏诤的臣子七人，即使天子一时触犯王道没有德政，也不会失去他的天下；做父亲的若有能谏诤的儿子，他就不会陷于不义的行为中……[①]

（二）曾子论孝

曾子认为养是最基本的，孝还有更高的要求。曾子说，孝有三等：大孝是使双亲受人尊敬，其次则是不使双亲的名声受辱，再其次是仅能赡养双亲。曾子认为孝的高层次要求是"尊亲"、使双亲受人尊敬。如何做到这一点呢？就要谨慎自身行事，不堕父母之名，生活谨慎、对国忠心、为官严肃认真、临战不怯、诚实守信。也就是我们常说的清清白白做人、干干净净做事、坦坦荡荡为官。[②]

（三）孟子论孝

孟子：谨庠序之教，申之以孝悌之义，颁白者不负戴于道路矣。七十者衣帛食肉，黎民不饥不寒，然而不王者，未之有也。孟子强调用"孝悌"来教化百姓，使百姓懂得孝顺父母、尊敬兄长的伦理道德。孟子认为，"孝悌"的伦理观念深入人心，就能形成良好的尊老、敬老的社会风气，"老吾老，以及人之老"。这样，头发斑白的老人就不至于在道路上背负重物，老年有丝绸穿，有肉吃，老年人的生活有所保障。

孟子：孝子之至，莫大乎尊亲；尊亲之至，莫大乎以天下养。为天子父，尊之至也；以天下养，养之至也。孟子认为，对父母的尊敬和奉养是孝的基本内容，孝子所做的最高标准，没有比尊敬父母更重大的；尊敬父母的最高标准，没有比以整个天下来奉养更重大的。[③]

---

① 彬彬. 孟子·庄子·老子[M]. 呼伦贝尔：内蒙古文化出版社，2007.

② 百善孝为先[EB/OL]. http://v.ccdi.gov.cn/2016/09/14/VIDELw78RhZc7DWM7GDjPADP 160914. shtml.

③ 儒家与孝[EB/OL]. http://www.ahlib.com/ah/xiaowenghua/lujiayuxiao/lujiayuxiao.html.

图 3 “父没，观其行”

（四）其他孝论

张载：乾为父，坤为母。予兹藐焉，乃混然中处，故天地之塞，吾其体；天地之帅，吾其性；民吾同胞，物吾与也。王阳明：大人者，以天地万物为一体者也，其视天下犹为一家，中国犹一人焉，若夫间形骸而分尔我者，小人矣。曹雪芹：“世上至大莫如孝字，想来父母儿女之性，皆是一理，不是贵贱上分别的。”（《红楼梦》第十六回）曾国藩：读尽天下书，无非一个孝字。

图 4 孝为“诸德之首”

一诚长老：孝德行天下，慈济利众生。星云大师认为孝分三等：初品的孝顺，是甘旨奉养，让父母在生活上获得适度的孝养，没有缺乏；中品的孝顺，是光宗耀祖，为人清白，事业成功，名利双收，道德令人敬重，让父母祖宗都得到荣耀；上品的孝顺，是引导父母有道德、有慈悲、有宗教的信仰，不但此生他可以安身立命，就是百年之后，也能有好去处。杜维明认为：孝的本身是希望通过孩子和父母的互相沟通，使大家在人格的发展、社会作用方面都能进步，所以孝是一个双轨：父慈子孝、兄友弟恭。

综上所述，孝是人世间一种高尚的美好的情感。它的本质是爱，是亲情回报，它的作用是完善人的品格，提升人的思想境界，通过"尊敬"、"奉养"、"侍疾"、"承志"、"立身"、"谏诤"、"送葬"、"追念"等，在家庭和社会中追求人际关系的和谐。

二、何为不孝

（一）不孝之一：对父母，连养都懒得养

孟子提出了"不孝"的五条标准："世俗所谓不孝者五：惰其四肢，不顾父母之养，一不孝也；博弈好饮酒，不顾父母之养，二不孝也；好货财，私妻子，不顾父母之养，三不孝也；从（纵）耳目之欲，以为父母戮（羞辱），四不孝也；好勇斗很（狠），五不孝也。"（《孟子·离娄下》）懒惰不劳动、下棋好饮酒、贪财偏爱妻子儿女、放纵声色寻欢作乐给父母带来羞辱、逞强斗殴危及父母安全，这些都是不孝的行为。孟子这五条标准中，其中有三条讲要赡养父母，突出了一个"养"字。

现实生活中，太多的"啃老族"，不仅不养父母，还要年老的父母继续供养自己。某地"富二代"儿子买一豪车，成天在马路上兜风、下馆子、逛 KTV，一分钱挣不来，要七十岁的父亲早出晚归挣钱养他。一位单亲妈妈，含辛茹苦把儿子养大，儿子大学毕业后，工作找了不少，不是嫌工作环境差或待遇低走人，就是因为不能与同事友好相处或其他原因被辞退，最后干脆不找工作待在家里让母亲养着。面对母亲的劝导，儿子竟然说："你连养我的能力都没有，当初生我干嘛？"这种成年子女对父母不养，反而要父母养自己的行为，是社会层面低层次的不孝，却是家庭层面最大的不孝。

（二）不孝之二：莅官不为、朋友不信

俗云：为官一任，造福一方。又云：当官不为民做主，不如回家卖红薯。官员上班时不做正事，对下属和百姓没有敬意，权不为民所用，利不为民所

想，也是不孝。某官员哪天被约谈、“双规”了，再也没有回来。官员的父母蒙羞，不敢出门，怕被戳脊梁骨。某人出去，无人信他，说这个家伙说话不算数，成天骗人蒙人，这不是私德，而是不孝。这种为官不敬、朋友不信与谋反、谋大逆、谋叛、恶逆、不道、大不敬、不孝、不睦、不义、内乱等“十恶不赦”行为，是最高层次的不孝。

春秋“五霸”之一的齐桓公，在宰相管仲去世之前，咨询他可以任用谁为相。管仲推荐隰朋，说他正直、忠实、智慧，足以担当齐国宰相，并强调不可重用易牙、竖刁和开方三人。易牙把自己儿子烹给大王吃，丧尽天良，不可用；竖刁明明喜欢女色，为了谋取内宫主管亲近齐桓公，竟把自己阉了；开方是卫国人，离齐国很近，不过十来里，十五年从未回家看父母。齐桓公没有听取管仲的忠言，任用易牙、竖刁和开方三人，终致自己受虐惨死。

三、古人行孝

（一）孝感动天：舜

视频：舜的故事

图 5　舜帝像

舜，传说中远古帝王，五帝之一，姓姚，名重华，号有虞氏，史称虞舜。相传舜的家庭非常地糟糕，母亲死得早，父亲瞽叟娶了后妈（带着弟弟象）。父亲顽固、继母嫌弃、弟弟傲慢，这也就罢了，关键是三个人要联手害死他。井坏了，让舜下去修，三个人就在上面填土；仓廪坏了，让舜爬上屋顶去修，他们就在下面放火烧；寒冬时节，只穿一件上衣的舜，只能围着牛群取暖；终日需要不停地劳作，每天却只能吃到一顿饭。尽管生活中受尽了虐待，但舜的孝心却从未改变，面对家人，他总是笑脸相迎，谦谦如也。精诚所至金石为开，舜的孝行感动了天帝。舜在历山耕种，大象替他耕地，鸟代他锄草。舜的善良和真诚，终于打动了父亲、继母和弟弟，一家人和好如初再无矛盾。帝尧听说舜非常孝顺，又有处理政事的才干，便把两个女儿娥皇和女英嫁给他；经过多年观察和考验，选定舜做他的继承人。舜登天子位后，去看望继母，仍然恭恭敬敬，并封象为诸侯。

（二）以孝治国

《孝经》中孔子和曾子的谈话，提到孝要从天子做起，天子若为孝子，就会成为万民榜样。汉代把孝列入朝纲和治国方略当中，开始以孝治国。俗话说“久病无孝子”，汉文帝的母亲卧病在床三年，文帝日理万机，三年衣不解带，一直日日夜夜地在母亲病榻前伺候，上药时一定要亲自尝药，然后让母亲吃。唐朝时，对“孝”的要求非常严格。若打父母致死，哪怕是误伤，也会被处以枭首示众的极刑，而不仅仅是判死刑。众所周知，李世民的第九个儿子晋王李治，因为仁厚孝顺、不争皇位、兄妹感情深、《孝经》背得特别好，而被李世民立为太子。唐玄宗有一次与儿子李亨一起用餐，李亨替父亲割羊前腿肉，刀上的油用糕点擦干后自己吃了。玄宗觉得李亨可治天下，并对他说：“福当如是爱惜。”

图 6　西汉文帝像

（三）孝之典范

1. 百里负米

仲由，字子路，春秋时期鲁国人，孔子的得意弟子，性格直率勇敢，十分孝顺。早年家中贫穷，自己常常采野菜做饭食，却从百里之外负米回家伺奉双亲。父母死后，他做了大官，随从的车马有“百乘”之众，所积的粮食有“万种”之多。坐在累叠的锦褥上，吃着丰盛的筵席，他常常怀念双亲，感叹说：“即使我想吃野菜，为父母去负米，哪里能够做得到呢？”孔子赞扬说：“你伺奉父母，可以说是生时尽力，死后思念呐！”

2. 芦衣顺母

闵损，字子骞，春秋时期鲁国人，孔子的弟子，在孔门中以德行与颜渊并称。孔子曾赞扬他说："孝哉，闵子骞！"闵损的生母早死，父亲娶了后妻，又生了两个儿子。继母经常虐待闵损，两个弟弟穿用棉花做的冬衣，却给他穿芦花做的"棉衣"。一天，父亲出门，闵损牵车时因寒冷打颤，将绳子掉落在地上，遭到父亲的斥责和鞭打，芦花随着打破的衣缝飞了出来，父亲方知闵损受到虐待。父亲返回家，要休逐后妻。闵损跪求父亲饶恕继母，说："留下母亲只是我一个人受冷，休了母亲三个孩子都要挨冻。"父亲十分感动，就依了他。继母听后，悔恨知错，从此待他如亲子，并想办法让他拜孔子为师。

3. 埋儿奉母

郭巨，晋代隆虑（今河南林县或温县）人，一说今河南温县人。原本家道殷实，父亲死后，他把家产分作两份，给了两个弟弟，自己供养母亲，极为孝顺。之后家境逐渐贫困，妻子生一男孩，郭巨担心，养个孩子，必然影响供养母亲，遂和妻子商议："儿子可以再有，母亲死了不能复活，不如埋掉儿子，节省些粮食供养母亲。"当他们挖坑时，在地下二尺处忽见一坛黄金，上书"天赐郭巨，官不得取，民不得夺"。夫妻得到黄金，回家孝敬母亲，并得以兼养孩子。

4. 闻雷泣墓

王裒，魏晋时期营陵（今山东昌乐）人，博学多能。父亲王仪被司马昭杀害，他隐居以教书为业，终身不面向西坐，表示不做晋臣。其母在世时怕雷，死后埋葬在山林中。每当风雨天气，听到雷声，他就跑到母亲坟前，跪拜安慰母亲说："裒儿在这里，母亲不要害怕。"他教书时，每当读到《蓼莪》篇，就常常泪流满面，思念父母。

5. 卧冰求鲤

王祥，琅琊（今山东临沂）人，生母早丧，继母多次在他父亲面前说他的坏话，使他失去父爱。父母患病，他衣不解带伺候。生病的继母想吃新鲜鲤鱼，当时天寒地冻，他解开衣服卧在冰上，冰忽然自行融化，跃出两条鲤鱼，继母吃后立即病愈。王祥隐居二十年后，从温县县令做到大司农、司空和太尉。[①]

---

① 李宝库. 中华孝道故事[M]. 北京：世界知识出版社，2009.

6. 乳姑不怠

唐代，山南西道节度使崔琯的曾祖母长孙夫人，年事已高，牙齿脱落，几乎不能咀嚼食物。崔琯的祖母唐夫人就用自己的乳汁喂养婆婆，婆婆虽然不能够自己吃饭，但身体依然康健。长孙夫人病重时，召集家中的老老少少，对大家说："我能够活到现在，都是因为有个孝顺的儿媳。可我没有什么可以回报她的，但愿你们这些孙媳妇们，个个都像她这样有孝敬的心，我就满足了。"后来，崔氏一门兴旺发达，官至尚书、藩镇节度使的就有数十人，天下推为士族之冠。唐夫人以乳汁喂养婆婆，若非真心至爱，是断然做不到的。古语云："有孝亲之心，不患无事亲之法。"也正是这份孝心，开启了崔氏世代相传的孝亲家风，造就了博陵崔氏终唐一世的辉煌昌盛。

明朝夏诚明的妻子王氏，是无锡一带的农家女。有一年遇到灾荒，颗粒无收，偏偏丈夫又出了远门，王氏不忍二老挨饿，日夜勤苦纺织，想方设法挣点钱，给公婆做点好吃的，而自己则每日以米糠和野菜充饥。有一天婆婆进厨房，正好看见儿媳吃野菜。婆婆看着眼前这一切，感动得眼泪直淌。王氏吃糠咽菜孝敬公婆的精神，受到时人尊重。同村有个贡生，每次走过王氏家门的时候，必定在门外毕恭毕敬地鞠三个躬，以示对王氏的尊敬。[①]

7. 弃官寻母

宋代朱寿昌，自幼与母亲骨肉分离，长大后做了官，生活有了很大改善。然而，他却无时无刻不深深地思念着自己的母亲。每到一地为官，他都要想方设法查找母亲的踪迹。一个偶然的机会，朱寿昌听说在陕西一带有母亲的消息，便毅然辞掉官职，千里寻母。经历千辛万苦，终于在同州(今陕西大荔县)一个偏远乡村，找到了阔别五十多年的母亲。母子团聚，共享天伦。[②]

8. 女赎父罪

汉文帝时，齐地太仓令（管理粮食仓库的官）淳于意清政廉明，为人称道。他生有五女，常以无男儿为憾。文帝十三年，淳于意因有失职守被处重刑。淳于意在被押解长安前抱怨：只生女儿不生儿子，在遇到大事时实在没有什么好处！他的小女儿淳于缇萦，对其父遭遇不满。于是随父来到长安，

---

① 媳妇能"孝"最关键[EB/OL]. http://rufudao.qq.com/a/20170319/008687.html.

② 孝养双亲要及时 莫待迟时终是恨. [EB/OL]. http://rufudao.qq.com/a/20170306/004802.htm.

给文帝上了一书："我的父亲淳于意作为齐地太仓令，齐地人民都说他办事公允、廉洁。现在因为犯事而被处重刑，我以为人死不能复生，重刑之下即使侥幸活下来也不能再过平常生活，虽然想要改过自新但也没路可走。所以我愿意为父赎罪，身入官府，作为奴婢，使得父亲能有悔过自新的机会。"书达文帝，文帝为其精神所感动，下诏免去刑罚，并下令免去全国肉体之刑。[①]

四、现实之孝

在 21 世纪的今天，很多的父母把儿女当成了"皇帝"、"老板"，有些做子女的饭没伸碗，钱没硬要，要了乱花。所以，对极少数的年轻人讲'孝'已是非常困难的事了。那到底要如何处理好父母与子女的关系呢？

（一）父母层面

一是不能从小溺爱子女。要从细微处进行管教，培养孩子的动手能力。二是要适时地教育孩子做人的基本道理，以及养成孝敬孝顺的各种礼节。三是要用心全面教育：不能只关心孩子的身体而不关心其心理、简单粗暴打骂体罚；不能一段时间管一段时间又不管；不能只关心孩子的学业而不关心其道德品质。

（二）子女层面

一是孝心绝不可少。要明白一个最简单的道理：孝敬父母是每个子女应尽的义务。二是言语不可缺。对父母的爱在必要时要大胆说出来，父母养育儿女一二十年，说一句"爸爸（妈妈）我爱你"是不会亏的。在外地，可以多写家书、多打电话、多报平安。三是行动不可无。努力读好书做好事而有所成就，是对父母养育之恩的最好报答。常回家看看，做好父母病痛时的护理，老人生活费的按时支付，等等。这些既是做子女的义务，也是衡量孝心的关键。

（三）双方协调层面

协调父母与子女问题的依据，是我国现行的法律法规，双方都得懂得和遵守。《宪法》第四十九条规定：婚姻、家庭、母亲和儿童受国家的保护。父

---

①《曾国藩家训》原文及解说[EB/OL]. http://www.360doc.com/content/12/0108/18/7905339-178125405.shtml.

母有抚养教育未成年子女的义务，成年子女有赡养扶助父母的义务。禁止破坏婚姻自由，禁止虐待老人、妇女和儿童……所以，孩子与父母人格及生命权是平等的，打骂孩子不是父母的权利，抚养教育监管孩子是父母的义务。①

五、行孝要及时

《二十四孝》当中有一个“亲涤溺器”的故事，讲的是黄庭坚孝母的故事。作为北宋著名诗人、书法家，虽身居高位，黄庭坚伺奉母亲却竭尽孝诚。他每天晚上都亲自为母亲洗涤溺器（便桶、马桶），没有一天忘记儿子应尽的职责。

埃及谜语“什么越来越多，也越来越少？”答案是年龄。《论语》讲“父母之年不可不知也，一则以喜，一则以惧”。父母年龄越来越大，和我们相处的时间也就越来越少，所以我们一方面为父母高寿而高兴，另一方面又担心父母因为年龄的增长而很快离开我们。曾子云：“往而不可还者，亲也；至而不可加者，年也。是故孝子欲养而亲不待也。”“树欲静而风不止，子欲养而亲不待”、“生前吃四两，胜过死后祭猪羊”，所以行孝要及时。给老人祝寿时，更要珍惜老人今年还能跟我们在一起，这样的时日不多。

这里有一组数据：30、1、5、24、720。它是说，假定父母还有 30 年的寿命、自己每年回家 1 次、每次在家待 5 天，5 天里面因为出门参加朋友同学聚会或逛街等，真正能够与父母相处的时间总共是 24 小时的话，那么在父母有生之年，他们能够跟你面对面的时间是 720 小时，相当于一个月朝夕相处的时间。明白这组数据后，我们也就并不觉得有大把的时间能够陪伴父母，也就并不觉得父母是我们随时想见就能见的那个人，所以我们应好好珍惜，如果有可能的话，把 720 小时再扩大、尽可能扩大。

第二节　以敬修身*

一、何为敬

在中国传统文化中，“敬”占有非常重要的一部分，在中国的儒家经典著

① http://baike.so.com/doc/5179199_5410155.html

* 本节内容参考了 2015 年 3 月 9 日央视 4 台《文明之旅》栏目于丹教授主讲的“以敬修身”。

作《论语》中，涉及“敬”的论述有二十多处，而在现代汉语当中，我们日常生活也经常用到和“敬”相关的词语，比如说尊敬、敬畏、恭敬，等等。那么，敬文化是一种什么样的文化，在生活当中如何更好地尊敬别人，如果别人对自己不敬又应当如何应对呢？

《礼记》讲“在貌为恭，在心为敬”；孔子说：“君子有九思：……貌思恭……事思敬……”敬是一种内心的态度，是礼貌的、自然的、沉默的流淌。敬发乎于内心，但一定会有外化的表现，它不可能是让人无动于衷的。今天年轻人的遭遇可能非常现实，他们在职场中拼搏，会遇到各种各样的情况。比如说非常重要的一点，跟自己的上司接触，有的人可能觉得自己不善言辞，比较木讷，但是如果过于趋前奉迎，又会被人觉得拍马屁；可是不那样做，上司又觉得对自己不敬，这时候怎么办？

一个真正考虑职业生涯发展的人，先要看有没有以庄严之心去面对自己的职业。如果你不仅仅把这个行业当成一个饭碗，而把它当成自己生命的寄托，那你就会用心理解“知之者不如好之者，好之者不如乐之者”。当你乐在其中的时候，就能体会到孔子说的“执事敬”。

案例：台湾小伙子“敬”卖烧壶

莺歌以陶瓷著称，有“台湾景德镇”美誉。有一次，文化学者于丹来到一家门店，店老板是一个二十多岁的、大福娃似的小伙子，正在笑嘻嘻地卖着各种东西。于丹选中了一个别致的、带有青花的白色瓷壶，小伙子特骄傲地告诉她，自己是工艺美术专业的大学毕业生，壶是他们自己的团队设计的，产品获得了年度全省金奖，如果买回去当作艺术品摆在自家书房里倒是不错的，但用来泡茶用，杯子把会很烫的。于丹心想哪有这样做生意的，生怕人家不知道自家产品的缺点？她看中了一个很漂亮的茶洗，这时小伙子告诉她，茶洗不是台湾本省设计的，回浙江就能买到，没有必要带这么重的东西回去。于丹跟小伙子说：“我每挑选一件，你都这样自挑毛病或不合适，你这样卖东西，能卖得动吗？”小伙子说：“就是因为我跟每个人都这样说，所以它们到现在还摆在那儿。我不说的话，如果你回去喝茶烫了手，你回来还是要骂我的，你下次就不会来我这儿买东西了。如果你买了不是台湾本地设计的东西，以后你就会认为我卖假货，正是因为我一直做生意，我怎么能不跟你说明白呢？”

当代大学生在创业的时候，都会接受一种教育——营销。营销有时就是尽可能地抬高产品的价值，甚至不择手段。营销者觉得没有欺骗消费者，产品是获了奖的，烫不烫手非得要告诉消费者吗？消费者看中的产品，哪个地方设计的非要知道吗？只要能完成营销利润，就叫创业成功！面对台湾这个一副坦然、乐乐呵呵迎来送往的男孩子，于丹心想不能亏了他，最后买了一把非常漂亮的柴烧壶，原本是没想在台湾买柴烧壶的。顾客遇到这样的店老板，不买一点东西走只怕都不好意思。所以，一个真正敬业的人不吃亏，这样的店子不愁做不成百年老店。这位台湾莺歌小伙子，永远不用去想取悦哪个上司，永远不会抱怨职场对新人有多么残酷、周旋在多少人中间忙得有多么辛苦。所以，把琢磨人的心用在做事上，一个人执事敬、与人忠、守住职业的尊敬，一定会有人来尊敬你！

二、敬人敬己

中国圣人孔子认为，修敬，可以分为三个层面。

（一）修己以敬：个人的自尊——个人层面

好好修养自己，对世界万物抱有敬意。“舍”得给“予”别人，自己就“舒”服了；“途”字可以拆开理解为，“给他人留有余地，自己才有路可走”。有句谚语说：“救助寒冷之人，没有比皮毛衣服更好的，阻止别人说坏话，没有比加强自身修养更有效的。”西方也有一种说法，“尊敬你自己是尊敬他人的基础”。孙登是魏晋时期汲郡人，他孑身一人，在北山挖了一个窑洞隐居下来。夏天他为自己编织草衣，冬天蓄长发覆身，平生喜爱读《易经》，悠闲无事之时弹琴自娱。孙登性格温良，从来不生气。有一次，几个人商量故意捉弄他，把他抬起来丢进水里，想知道是否真和传说中的一样不会发怒。过了一会儿，孙登湿淋淋地从水中爬起来，不但没有生气，反而哈哈大

图 7　孔子像

笑，毫不介意。“朝华之草，夕而零落；松柏之茂，隆寒不衰”，洁身自好，保持高尚的情操，做到修己以敬。①

（二）修己以安人：安顿亲朋好友——伦理层面

因为能够加强自我修养，所以能承担别人对自己的信任，能够安顿别人。反之，则可能对自己及身边的人不利。蒋瑗是宋朝大夫，他有五个儿子，一个驼背，一个跛子，一个痴呆，一个耳聋，一个哑巴，且个个羸弱多病。一个叫子皋的名士看到这情形，惊异地问：“您平时行为是怎么样呢？竟然得此奇祸！”蒋瑗说：“我平时没做什么恶事，就是别人胜过自己就嫉恨他，别人奉承自己就喜欢他，看到别人有所得，就好像自己有所失，看到别人有所失，就好像自己有所得。仅此而已。”子皋叹息说：“君子做人坦荡，光明磊落，如春风吹拂，秋月映照，看山河大地阳光明媚；小人心胸狭窄，猜疑嫉妒，视人生如无边苦海。您有如此心态，恐怕还会有大灾啊！”蒋瑗一听大惊失色。子皋接着说：“福祸相依，如果您能痛改前非，就一定能转祸为福。”从此以后，蒋瑗修身养性，尽改旧习，不到几年，儿子们身体健康，一家人生活得和美幸福。②

（三）修己以安百姓：安顿众生——社会层面

修养自己，做到严以律己、宽以待人，就能够安定天下百姓。一滴墨汁落在一杯清水里，这杯水立即变色，不能喝了；一滴墨汁融在大海里，大海依然是蔚蓝色的大海。宽容别人，就是肚量；谦卑自己，就是分量；合起来，就是一个人的质量。《周易》讲“厚德载物”，厚德载物的本质就是善良、宽容。

清代康雍乾三朝重臣、宰相张廷玉，与一位姓叶的侍郎都是安徽桐城人。两家毗临而居，都要起房造屋，为争地皮发生了争执。张老夫人修书北京，要儿子出面干预。张廷玉到底贵为宰相见识不凡，看罢来信，立即做诗劝导老夫人：“千里家书只为墙，再让三尺又何妨？万里长城今犹在，不见当年秦始皇。”张母见书明理，立即把墙主动退后三尺；叶家见此情景，深感惭愧，也马上把墙让后三尺。这样，张叶两家的院墙之间，就形成了六尺宽的巷道，成了有名的“六尺巷”。张廷玉失去的是祖传的几分宅基地，换来的却是邻里的和睦及流芳百世的美名。

---

①〔明〕洪应明，刘默. 菜根谭详解[M]. 北京：中国华侨出版社，2013.

② 彬彬. 孟子 · 庄子 · 老子[M]. 呼伦贝尔：内蒙古文化出版社，2007.

1981 年春，当时身为美国副总统的布什正在一次例行公务旅行的飞机“空军 2 号”上，突然接到一封密电，告知总统里根已中弹，正在华盛顿大学医院的手术室里接受紧急抢救。飞机立即掉头飞向华盛顿。飞机在安德鲁斯着陆前 45 分钟，空军副官对布什说：“副总统先生，如果按常规在安德鲁斯降落后，再换乘海军陆战队的直升机，飞抵副总统住所附近的停机坪着陆，然后再驾车驶往白宫，这要浪费许多宝贵时间，不如直接飞白宫。”布什考虑了一下，决定放弃这个计划，仍按常规行事。“我们到达时，市区交通正处于高峰期，坐车到白宫要多花 10～15 分钟的时间。”副官提醒他。“也许是这样，但是我们必须这样做。”布什解释道，“你要知道，只有总统才能在南草坪上着陆。美国只有一个总统，副总统不是总统。”①

中国有一个禅宗故事，很有意思。有一位大师，学问通达博雅，常带学生出去讲学。一次路过一个闹市，听到有人在争吵，大弟子过去一看，争吵的是一家布店的老板和客户。买布人是外地人，买了三丈布料，价格八枚钱一丈。老板说一共二十四枚钱，但外地买布人说他一直记得是三八二十三，只肯付钱二十三枚。于是两个人吵个不休。大弟子劝外地人别捣乱了，三八肯定是二十四，赶紧付钱吧。外地人被大弟子一说，脸上挂不住了，不肯认输地认定是二十三枚。大弟子这时也生气了，竟然有如此不讲理之人。他跟外地人说：“我师父也在这儿，他无所不知，你敢不敢跟我去见师父，咱俩打个赌。”外地人正在气头上，说：“打赌就打赌，要是三八等于二十四，我输你这颗脑袋！”大弟子摸摸自己的脑袋，觉得赌打得有点重，自己正好戴了顶新帽子，于是说：“要是三八等于二十三，我把帽子给你。”师父知道后，笑眯眯地、云淡风轻地跟大弟子说，“哎呀，这三八呀，它就是二十三。你赶紧把帽子给人家！”在师父面前，大弟子有火也不能发，毕恭毕敬把帽子给外地人了。大弟子不服气，想了好几天最后憋不住问师父为何帮外地人，自己输了一顶帽子无所谓，倒是师父落得被天下人耻笑。师父问他：“是帽子重要还是脑袋重要？三八二十四是没错，但人家输的是脑袋！人家一个外地人，临时买块布料，你还真让他把脑袋放在这儿？或让他在这么大一个集市上颜面扫地？什么是佛？佛其实是要看清人那种最终权益上的利益得失，佛不是纠缠在局部真理上的。局部真理上，三八是二十四，但脑袋和帽子相遇的时候，三八就可以是二十三。”

---

① 彬彬. 孟子・庄子・老子[M]. 呼伦贝尔：内蒙古文化出版社，2007.

三、尊敬之敬

西方人和父母相处时会说："爸爸，我很尊敬您，但我不一定都听您的。"怎么看待对父母的尊敬之敬？尊敬不等于遵从，但不能因为可以不遵从而丢掉尊敬。父母用血肉之躯供养孩子，孩子不能没有一种孝敬、恭敬之心。在家与父母将心比心，在外才能与陌生人将心比心。

百善孝为先，论心不论迹：论心是尊敬；论行为，是自己的某种选择。所以一个人能够保持内心的尊敬，同时保持个人的判断，不必在行为上一切都盲目地遵从，应该是最好的父子辈之间的亲子关系。

人敬我，等于我有面子吗？尊敬和面子的关系，其实是面子和里子的关系。什么样的人最有面子？其实是里子强的人才会有面子，很多人都是在面子上下足了功夫，但里子要是跟不上的话，面子终究是撑不久的，所以，能否让别人尊敬自己，还是取决于自己的内在。王阳明一生，百死千难，受尽了那么多坎坷，到临终学生问他遗言，他没有说贬到修文县有多么的冤，也没有说宸濠之乱他立了多大的功，朝廷怎么样辜负他。他能说朝廷选出个十四岁的小皇上，自己赶上昏君、生不逢时吗？他一切都没有说，只说八个字："此生光明，亦复何言？"

案例：杨绛先生鞠躬捐赠

2001 年 9 月，90 高龄、著名作家兼翻译家杨绛女士，将钱钟书、杨绛夫妇 2001 年上半年所获稿酬现金 72 万元及其后出版作品获得报酬的权利，捐赠给清华大学教育基金会，设立"好读书"奖学金，以鼓励家庭经济困难的优秀大学生努力学习、成才报国。2013 年 7 月，102 岁的杨绛再次捐出所有稿酬及版权给"好读书"教育基金会，累计超过一千万元，并在捐赠会上向受捐者深鞠躬，感谢让她完成一家三口的捐赠心愿。

四、敬畏之敬

中国古代文化中，有一种对鬼神的敬畏。科学发达到今天，鬼神是不存在的。孔子是不谈论怪、力、乱、神的，他还说："未能事人，焉能事鬼？"但三尺之上有"神明"，对它的敬畏还是需要的，谓之敬畏神明、敬畏人性、敬畏天地。如果了无敬畏，以否定鬼神的名义，做伤天害理的事，并且认为一切伤害，以极端利己主义去圆话，我们会失去未来。慎独一些，知道一点儿敬畏神明、敬畏人性、敬畏天地，我们才能活得像一个君子。中国共产党十八大以后落马的某“大老虎”，用四句话把自己犯罪过程反思了一下，叫作：“收受别人的陶瓷瓷瓶，被碰得头破血流；收受别人的陶瓷瓷碗，被砸得遍体鳞伤；收受别人的书画字画，将政治生命化为灰烬；收受别人的钱财和贵重物品，使自己跌入了经济犯罪的万丈深渊。”因为对国家法纪视若无睹、了无敬畏，一味迷信个人权力而只手遮天，最终身陷囹圄，铁窗余生。正应了“积善之家，必有余庆。积恶之家，必有余殃”这句话。

第三节　诚信为本*

一、何为诚信

诚信是日常行为的诚实和正式交流的信用的合称，是一个道德范畴，是公民的第二个“身份证”。李汉秋先生认为，“诚”即诚实诚恳，主要指主体真诚的内在道德品质，是根本、内在的修养和真实，“内诚于心”；“信”即信用信任，主要指主体“内诚”的外化，是外在的运用和表现，侧重于“外信于人”。

古人云：“父子之间观其孝慈，兄弟之间观其友和，君臣之间观其忠愚，乡党之间观其信诚。”《逸周书》载：“成年不尝，信诚匡助，以辅殖财。”作为伦理规范和道德标准，诚信要求人能做到诚实不欺、讲求信用，强调人与人之间应该真诚相待，言而有信。诚的对立面是伪、假，国人提倡真善美，反对假丑恶。真是善和美的基础，诚是道德上的真。“修身齐家治国平天下”，修身是开始，修身必须真心诚意，然后才齐家治国平天下。如果上级整天考虑怎么驾驭手下、怎么控制人、怎么笼络人，则是舍本逐末。

二、为何诚信

子曰：“人而无信，不知其可也。大车无　，小车无　，其何以行之哉？”孔子又说：“君子义以为质，礼以行之，信以成之。君子哉！”可见，古人是

* 本节内容参考了2012年4月30日央视4台《文明之旅》栏目李汉秋先生主讲的“说诚信”。

很重视诚信的，诚信于国家、社会都是非常根本的一种道德规范。对人来说，诚信是做人的根本，民无信不立。

子贡问治国之道，孔子说："足食，足兵，民信。"子贡又问，如果只能做到两条呢？孔子说"去兵"。子贡又问如果只能做到一条呢？孔子答"去食"。自古人没有不死的，但民无信不立，因此民信是最重要的。对社会来说，诚信是一个社会正常运转的道德基础。

孟子小的时候，有一天听到邻居家的杀猪声，就问孟母为什么杀猪。孟母说给他吃。孟子非常高兴，满心欢喜地期待着。但孟母话一出口就后悔了，觉得自己不假思索说话，家里本来就困难，哪有钱给孩子买肉吃呢？孟母转念又想，如果在孩子面前欺骗他的话，孩子良好品质的形成就要受到影响，言传不如身教，自己要以身作则，孟母于是倾其家里所有买肉给孩子吃。这件事对孟子道德修养的形成，起了很重要的作用。

孟子云："诚者，天之道也。思诚者，人之道也。"真诚是天道的本然，追求真诚是人道的当然。古有周幽王烽火戏诸侯，今有《狼来了》的故事，这是教育我们不管出于什么目的都不能失信和骗人。诚信是人必备的优良品格，一个人讲诚信，就代表他是一个讲文明的人。讲诚信的人，处处受欢迎；不讲诚信的人，人们会忽视他的存在；所以我们人人都要讲诚信。诚信是为人之道，是立身处世之本。

案例：沈约有才，无诚无德

沈约是南北朝齐、梁时期的著名文人，此人在文学史上地位挺高，不仅诗文好，还搞文学理论。比如汉语的"平上去入"四声，就是由这位先生最先从理论上总结出来的。不过，在这里，我们讨论的是他的诚信与品德问题。

当时，南齐大司马萧衍手握实权，他想让齐和帝把江山禅让给他。沈约是萧衍身边的人，跟着萧衍当然更有前途，对萧衍的想法他是心知肚明的。有一天，沈约向萧衍进言道；"连三岁小孩都知道齐朝的国运不济了，您英明神武，应该挺身而出，接受天命啊！天意不可违，人心不可失。"萧衍听了心里很舒服，说："我正考虑这事呢！"

沈约走后，萧衍又召见范云，告诉他自己想让齐和帝禅让的打算。范云的回答与沈约一样，萧衍高兴地说："果然是智谋之士啊，见识如此相通！你明天上午带着沈约一起来！"

范云出门后，告诉了沈约，沈约眼珠子一转，叮嘱范云："明天上午，您可一定得等着我。咱俩一起去。"范云当即答应了。

但到了第二天上午，沈约却提前去了。萧衍命令沈约起草接受禅让登基的诏书。沈约忙说："我昨晚早就起草好了。"说着递了上去。萧衍很高兴，连连夸奖沈约会办事，说："事成之后，这头等功是你的。"

不久，范云从外面赶来，到了宫门，却无法进去，只好在寿光阁外焦急万分地走来走去，口里不停地发出"咄咄"的声音，看来急得不行。

等到沈约出门，范云赶忙上去问道："怎样安排我？"沈约举起手来向左一指，暗示已安排范云为尚书左仆射一职，相当于副总理，范云这才如释重负地说道："这还差不多。"

沈约可说是一个不折不扣的虚伪之徒，为了个人私利，诓骗同僚，与这样的人交往必须多加小心。

现代社会，这样的人也存在，既想得到利益，又不想冒风险，于是出卖朋友、以朋友为垫脚石的事屡见不鲜。所以交朋友要特别注意。①

三、诚信何为

从一般意义上说，诚信要求为人诚实不欺、讲求信用，强调人与人之间应该真诚相待。在拜金主义、唯利是图有所抬头的当今社会，诚信显得尤为重要。

曾参，春秋末期鲁国有名的思想家、儒学家，是孔子门生中七十二贤之一。他博学多才，且十分注重修身养性，德行高尚。一次，他的妻子要到集市上办事，年幼的孩子吵着要去。曾妻不愿带孩子去，便对他说："你在家好好玩，等妈妈回来，将家里的猪杀了煮肉给你吃。"孩子听了非常高兴，不再吵着要去集市了。这话本是哄孩子说着玩的，过后，曾参的妻子便忘了。不料，曾参却真的把家里的一头猪杀了。妻子看到曾参把猪杀了，就说："我是为了让孩子安心地在家里等着，才说等赶集回来把猪杀了烧肉给他吃的，你怎么当真呢？"曾参说："孩子是不能欺骗的。孩子年纪小，不懂世事，只能学习别人的样子，尤其是以父母作为生活的榜样。今天你欺骗了孩子，玷污了他的心灵，明天孩子就会欺骗你、欺骗别人；今天你在孩子面前言而无信，明天孩子就会不再信任你，你看这危害有多大呀！"

一个顾客走进一家汽车维修店，自称是某运输公司的汽车司机。"在我的账单上多写点零件，我回公司报销后，有你一份好处。"他对店主说。但店主

① 彬彬. 孟子·庄子·老子[M]. 呼伦贝尔：内蒙古文化出版社，2007.

拒绝了这样的要求。顾客纠缠说："我的生意不算小，会常来的，你肯定能赚很多钱！"店主告诉他，这事无论如何也不会做。顾客气急败坏地嚷道："谁都会这么干的，我看你是太傻了。"店主火了，他要那个顾客马上离开，到别处谈这种生意去。这时，顾客露出微笑，并满怀敬佩地握住店主的手："我就是那家运输公司的老板。我一直在寻找一个固定的、信得过的维修店，我今后常来！"

2016 年 4 月，张家界某旅行社收到杭州某国际旅行社"长沙韶山张家界凤凰双卧 6 天 5 晚"的报价咨询。这是一个传统的行程，该社报价 1580 元/人，但对方说张家界同行有报价 880 元/人、700 元/人的，差价对组团社来说诱惑确实不小。但进入旅游业以来，张家界的这家旅行社一直坚持"高品质、优服务"，绝不贱卖张家界的绝美山水。低价游也许得到了眼前利益，最终伤害的却是游客，扰乱的是旅游市场。组团社权衡再三，选择了与该旅行社合作，游客满意而归，这也印证了高品质才有优服务的真理。由于双方合作愉快，组团社后来陆续向这家旅行社发了几批计划，成为其忠诚客户。

第二章　安命：中国饮食文化之旅

明代药物学家李时珍说，“饮食者，人之命脉也。”民以食为天，中国饮食文化源远流长，闻名于世，是中国传统文化中的重要组成部分。国人论吃，不仅仅是一日三餐、解渴充饥，往往蕴含着营养搭配、养生保健、延年益寿之意，甚至上升为一种思想、境界或哲理而兼论修身、齐家、治国和平天下。那么中国饮食文化在生活中体现在哪些地方呢？诸如茶文化、豆腐文化、醋文化等又有着什么样的安命文化呢？

第一节　饮食文化*

一、食药同源

古人云：“凡膳皆药，食药同源，寓医于食。”现代医学之父希波克拉底说：“以你的食物为药。”有人说：“先进厨房，后进药房。”有统计表明，医圣张仲景的《伤寒论》中出现 113 次方剂：甘草（70 方次）、桂枝（43 方次）、大枣（40 方次）、生姜（39 方次）、芍药（33 方次）、干姜（24 方次）、蜂蜜（6 方次）、粳米（4 方次）、葱白（3 方次）。《金匮要略》中的“生姜当归羊肉汤”，是中国第一个有记载的食疗方。由此可见，古今中外对于吃是非常重视的，并且认为吃下去的食物都有药效功能，这与 2016 年第十七届国际营养学大会提出的“食物是最好的药物”结论不谋而合。

（一）亦食亦药

1. 苦瓜——植物胰岛素

苦瓜，含有多肽，可以起到类似胰岛素（人机体内唯一能降低血糖的激

---

* 本节内容参考了 2014 年 1 月 13 日央视 4 台《文明之旅》栏目赵霖教授主讲的“饮食与中国文化”。

素）的作用，所以素有“植物胰岛素”之称。苦瓜又名“君子菜”，把苦瓜跟任何一个菜一起炒，它都只苦自己，不会去传染别的菜。因为长得丑，又名“癞瓜”。

苦瓜原产印度，古印度医学用来治糖尿病。糖尿病的病因主要是吃得太好、运动太少。治疗糖尿病，关键是要做好生活方式的调整，比如一日三餐且定时定量、少肉少糖、多运动，同时关注食疗，做到“管住嘴，迈开腿”。

2. 大蒜——地里长出的青霉素

大蒜，是土里长出的“生物抗生素”。它对中国人的保健，特别是对肠道传染病有非常好的预防作用。2010 年 8 月 7 日，甘肃省舟曲县发生特大泥石流灾害。当时甘肃省卫生厅在泥石流发生后，给当地所有农民每人发一斤大蒜。灾民食用大蒜以后，当地肠道传染病的发病率在三天之内从 66%降到 6%。

美国癌症组织认为，全世界最具抗癌潜力的植物中，位居榜首的是大蒜。研究发现，大蒜中含有的锗和硒等元素，可抑制肿瘤细胞和癌细胞的生长，且大蒜素能有力地杀灭体内的细菌和霉菌，从而阻断致癌物质亚硝胺的合成。除了抗癌，大蒜还有抗疲劳、抗衰老、抗过敏、保护心脑血管等作用。[①]

蒜瓣数个捣成泥，加熟菜油调匀，外敷在患部，可以起消炎的作用，对缓解银屑病（俗称牛皮癣）也有一定效果。此外，蒜头素有“穷人灵芝”之称，能通血管及清除毒素。但是，眼病患者、肝病患者、脾虚腹泻患者、虚弱有热者及重病患者慎用大蒜。[②]

3. 花生——长生果

花生传入我国较晚，《本草纲目拾遗》中称之为“落花生”，中国人叫它“长生果”，是名菜“宫保鸡丁”、“天仙配（醋泡花生）”的主要原料。花生有很好的食疗作用，花生红皮有非常好的提升血小板、控制尿蛋白的能力。

花生中的单不饱和脂肪酸含量较高。单不饱和脂肪酸有利于脂肪代谢，能降低动脉硬化和高血压的发病率。花生中的维生素 E 和锌含量也比较高，

---

① 唯有抗癌实力的菜[EB/OL]. [2016-10-04]. http://health.sina.com.cn/hc/2016-10-04/doc-ifxwevmf2291639.shtml?cre=sinapc&mod=g&loc=10&r=15&doct=0&rfunc=85&tj=none

② 必看！大蒜这样吃抗癌效果最好[EB/OL]. [2017-03-24]. http://health.sina.com.cn/hc/2017-03-24/doc-ifycstww0799968.shtml?cre=healthpagepc&mod=f&loc=2&r=9&doct=0&rfunc=32

这两种微量营养素都是抗氧化、延缓衰老、提高免疫力的重要成分。经常适量吃花生米，是日常补充抗氧化物质的便利方式。花生若和洋葱搭配，更能协同作战，发挥改善人体血脂和血管的作用。①

4. 黄花菜——忘忧草

黄花菜，学名“萱草”，俗名“忘忧草”、“解忧草”、“开心菜”。2010 年，甘肃省舟曲县特大泥石流灾害时，就用大锅熬黄花菜汤，让灾民随便喝。

5. 茼蒿——皇帝菜

由于茼蒿的花像野菊，所以又名菊花菜、蓬蒿菜、蒿菜。在古代，茼蒿为宫廷佳肴，所以又有“皇帝菜”之称。茼蒿貌不惊人，营养却非常丰富，胡萝卜素含量约为黄瓜、茄子含量的 15 ~ 30 倍。含钙约为冬瓜、黄瓜含量的 2 倍，为西红柿的 6 倍。其纤维细嫩，容易消化吸收。茼蒿中含有较高量的钾等矿物盐，能调节体内水液代谢，通利小便，消除水肿。茼蒿中的粗纤维，可增强胃肠蠕动，有助于消化和降低胆固醇。茼蒿还有促进蛋白质代谢的作用，有助于脂肪的分解。茼蒿的茎和叶可以同食，有“蒿之清气、菊之甘香”，鲜香嫩脆的赞誉。②

（二）民谣中的食与药

1. 姜

民谚：“家备小姜，小病不慌”；“早吃三片姜，胜过人参汤”；“四季吃生姜，百病全扫光”；“冬吃萝卜夏吃姜，不劳医生开处方”；“男不可百日无姜，女不可百日无糖（红糖）”；“一年秋不姜，一日晚不姜”；“晚上生姜，形如砒霜”……

生姜味辛性温，长于发散风寒、化痰止咳，又能温中止呕、解毒，前人称之为“呕家圣药”。自古以来素有“男不可百日无姜”之说。宋代诗人苏轼在《东坡杂记》中记述，杭州钱塘净慈寺 80 多岁的老和尚，面色童相，“自

② 洋葱配一宝，让血管更健康[EB/OL]. [2016-11-21]. http://health.sina.com.cn/zl/2016-11-21/doc-ifxxwrwh4617528.shtml?cre=sinapc&mod=g&loc=11&r=1&doct=0&rfunc=85&tj=none&s=0

② 有种菜被称为“皇帝菜”[EB/OL]. [2017-03-12]. http://health.sina.com.cn/hc/2016-12-07/doc-ifxyiayr9108390.shtml?cre=sinapc&mod=g&loc=1&r=0&doct=0&rfunc=14&tj=none&s=0

言服生姜 40 年，故不老云”。生姜还有个别名叫“还魂草”，而姜汤又叫“还魂汤”，传说白娘子盗仙草救许仙，此“仙草”就是生姜芽。

干姜虽与生姜同出一物，但由于鲜干质量不同而性能亦异。干姜性热，辛烈之性较强，长于温中回阳，兼能温肺化饮。不过，姜性辛温，只能在受寒情况下应用，且用量大了很可能破血伤阴。如果有喉痛、喉干、大便干燥等阴虚火旺症状，以及内热较重者、肝炎病人等不要多用姜。[①]

选购时要注意，三类“异常姜”别买：第一，硫磺熏过的姜，一般太过干净，好像打了蜡一样，光滑水嫩。用手蹭姜皮，硫磺姜的皮很容易剥离，而且姜肉颜色和姜皮差别很大。还可用鼻子闻一下，会有淡淡的硫磺味。第二，姜心变黑、变糠或姜上生嫩芽，说明姜已经坏掉。第三，姜受热变质会生出白毛，姜受冻则会产生毒素，轻轻一捏就会流出汁液。

2. 枣

民谚：“一日食数枣，终生不显老”；“粥里加红枣，胜似灵芝草”……

中医认为，枣能补中益气、养血生津。红枣最突出的特点是维生素含量高。鲜枣维生素含量更丰富，但因其时令性而不能常买到，而且多吃可能无益于消化功能。干枣虽然维生素含量下降，但铁含量升高，而且其营养更易被吸收，更适合食疗。这里介绍几种大枣的食疗做法。红枣泡水，养肝排毒；泡茶，补气护嗓；泡酒，血管通畅；熬粥，安神助眠；熬汤，止咳润肺；煮蛋，补血养颜。[②]

吃红枣，要注意以下禁忌：不宜和黄瓜或萝卜一起食用；不可过量（每天不要超过 50 克，每周 2 ~ 3 次）；食用后不得马上吃高蛋白食品；服用退热药时禁食；服苦味健胃药及驱风健胃药时不应食用，爱上火的人不宜食用；糖尿病患者不宜食用。[③]

3. 萝卜

民谚：“萝卜上了街，药铺无买卖”；“家财万贯，不如萝卜就饭”；“萝卜

---

① 男人不可百日无姜[EB/OL]. [2017-03-24]. http://health.sina.com.cn/hc/ 2017-03-12/doc-ifycaafm5469996.shtml

② 红枣六钟吃法最滋补[EB/OL]. [2017-02-22]. http://health.sina.com.cn/hc/ 2017-02-22/doc-ifyarrcc8347833.shtml

③ 吃红枣必须知七大禁忌[EB/OL]. [2017-01-21]. http://health.sina.com.cn/zl/ 2017-01-21/doc-ifxzqnim4969942.shtml?cre=sinapc&mod=g&loc=11&r=1&doct=0&rfunc=11&tj=none&s=0

响，咯嘣脆，吃了能活百来岁”……

白萝卜亦食亦药，有六大功效。

第一，镇咳化痰：白萝卜性甘凉，含有较多的水分和维生素 C，可化痰热、解毒，对常见的咳嗽哮喘、咽喉肿痛、痰中带血等疾病有辅助治疗作用。生萝卜籽提取物具有较强的镇咳、祛痰作用，炒萝卜籽具有一定的平喘作用。第二，消食化积：白萝卜含有糖化酵素，能分解食物中的淀粉、脂肪等成分，芥子油能促进胃肠蠕动，增强食欲，帮助消化，使分解的营养物质被人体充分吸收和利用。第三，降压调脂：白萝卜或其籽熬水可以扩张血管而降压，还可提高高密度脂蛋白（即好胆固醇）的含量。鲜萝卜榨汁长期服用（每日两次，每次 15 ~ 20 毫升），在治疗血清胆固醇升高、防止冠状动脉粥样硬化、预防冠心病方面也可能有一定作用。第四，杀菌抗癌：近年来国内医学研究发现，把白萝卜中含有的干扰素诱生剂物质注射到小白鼠体内，发现其体内的恶性肿瘤会缩小 50% ~ 60%。白萝卜中的芥子油和莱苷，能与多种酶作用，形成具有辛辣味的抗癌成分。白萝卜越辣，这种成分越多。第五，通便利尿：白萝卜含有较多的膳食纤维而具有一定的通便作用。炒萝卜籽可使膀胱逼尿肌收缩，膀胱括约肌舒张，对动力性尿路梗塞和前列腺增生引起的机械性尿路梗塞有一定疗效。将萝卜绞汁后服用还可阻止胆石的沉积，对胆石症有辅助治疗作用。第六，缓解头痛：白萝卜汁含天然芥子油，滴入鼻腔通过鼻黏膜迅速吸收，能起到通窍活血的效果，对治疗因鼻塞或鼻窦炎以及外感风寒等引起的偏头疼，有一定效果。左侧偏头痛，就将萝卜汁分数次滴入右侧鼻孔中，反之亦然。一日两次，连用 4 ~ 5 天即可见效。[①]

二、膳食平衡

有专家指出，日常饮食应坚持“十个拳头原则”，即每天摄入食物重量的比例为：肉∶粮∶奶和豆∶菜果=1∶2∶2∶5。《中国居民膳食指南（2016）》建议，人平均每天应摄入 12 种以上（每周 25 种以上）食物。只有确保饮食多样化，营养才能平衡。每天的饮食应包括谷薯类、蔬菜水果类、畜禽鱼蛋奶类、大豆坚果类等食物。

---

① 养生第一菜原来是它，物美价廉的防癌高手[EB/OL]. [2017-03-01]. http://med.sina.com/article_detail_103_1_21267.html

（一）五谷宜为养，失豆则不良

“五谷”，主要指粳米、小豆、麦、大豆和黄黍（按《黄帝内经》说法，今指五谷杂粮，下同）。“食谷者，则有智而劳神”、“世间万物米称珍”、“婴儿食米油，百日则肥白”。五谷杂粮非常有营养，如果没有豆类，将会营养不良或营养过剩。人要有精气神，“精”=“米”+“青”，不吃米和青菜，哪来的“精”？“气”的繁体为“氣”，意思是吃粳米、黄米才有气；“神”的右边是“申”，表示“田里种庄稼”。这表明“精气神”都讲究吃植物性食物。小米里面有非常丰富的色氨酸，色氨酸可以产生 5-羟基色胺的神经介质，它可以使人镇静。

（二）五畜适为益，过则害非浅

“五畜”，主要指牛羊猪鸡犬。《论语·乡党篇》说：“肉虽多，不使胜食气。”这句话的意思是说，尽管各种美味的肉类非常之多，但是吃的时候不能让肉食总量超过主食的总量。“食肉者，则勇猛而多嗔”，意思是说，吃肉的人勇猛，但爱发脾气。人的牙齿中，前面八颗牙（含门牙）叫切齿，是切蔬菜、水果和纤维用的；两边二十颗槽牙叫臼齿，是磨谷物和豆类用的；四颗虎牙叫犬齿（占牙齿总数的 1/8），是吃肉用的。在肉食与主食结构上，有专家得出结论：动物性食物只能占食物总结构的 1/8。研究发现，过量吃肉与糖尿病、心脑血管疾病、肝胆病、癌症慢性疾病复发密切相关。英国科学家认为，人每天的肉食不要超过 85 克/天。今天，吃惯了大鱼大肉、山珍海味的人们，应该学习北宋美食家苏轼：“自今日以往，不过一爵一肉。有尊客，盛馔则三之，可损不可增。有召我者，预以此先之，主人不从而过是者，乃止。一曰安分以养福，二曰宽胃以养气，三曰省费以养财。”

（三）五菜常为充，新鲜绿黄红

“五菜”，主要指葵、藿（豆叶）、薤、葱和韭。据调查，中国人吃的菜蔬有 600 多种，比西方多 6 倍。中国人视动物为“生灵”，视“植物”为“无灵”，主张素食主义。蔬菜是充饥用的，用以充养脏腑。“蔬”，从草从疏。疏者，疏通壅滞也，通便、通经络。人每天应摄入 400 ~ 500 克蔬菜，其中深色蔬菜应占一半。“新鲜绿黄红”是说每天要买新鲜蔬菜。新鲜蔬菜中富含叶绿素、叶酸。黄的，指胡萝卜素，来自胡萝卜；红的，指番茄红素。

就卫生学原理而言，一般人认为五畜之滋养较五菜丰富，实则不然。蔬菜受日光雨露而滋长，所含维他命之质素，远胜于动物。①

（四）五果当为助，力求少而数

五果，主要指桃李杏栗枣。蔬菜是生存型食物，水果是享受型食物，绝对不能用水果代替蔬菜。吃水果，要量少次数多。以苹果为例，民谚“一日一苹果，医生远离我”。苹果中含有丰富的有机酸、维生素、矿物质、膳食纤维、多酚及黄酮类营养物质。成熟的苹果含有 80%的水，而脂肪含量为零，非常适合减肥者；一个苹果相当于每日所需果蔬总量的 1/4；苹果高钾低钠，可部分中和现代人的高盐饮食；苹果可起到牙刷作用，咀嚼它可以洁齿和杀灭口腔细菌。正因为苹果“全方位健康”、“营养密集”、“天然美味”、“容易购买”和“人人买得起”，在《世界最健康食品》榜单中，苹果排第一，成为名副其实的“水果之王”。吃苹果最好在两餐之间，加餐苹果可以为身体、大脑提供水分和营养，还可以带来饱腹感，减少正餐的饭量。②

1997—2002 年以来，我国饮食结构发生急剧变化：谷类消费降低了约 16%；豆类消费降低了约 8%；奶类消费上升约 70%；糖类消费增加超过 40%；肉类、蛋类、禽类、油脂消费的增加，均超过 20%。随之带来的后果是：四次高血压调查，不断上升；心血管病发病率超过欧美；癌症的死亡率不断上升。

广西巴马县之所以被誉为“世界长寿之乡”，原因在于居民饮食结构合理，呈现“两高、五低、一少”等特点：高维生素、高膳食纤维；低能量、低蛋白质、低糖、低盐、低脂肪；人吃一碗饭。巴马百岁老人常吃半碗饭，折算热量约 1600 卡。喀麦隆百岁老人一顿饭，吃一块肉和一个白薯。相反，美国 64%的人肥胖，则是美国人从饮料中获取大量热量（占每天摄入总量的 21%）所致。

巴马的长寿老人

三、饮食健康

（一）五味不偏

饮食中的“五味”，是指酸、苦、甘、辛、咸，在五脏中分别对应肝、心、

① 太虚大师：吃素才是最可怕的人寿保险[EB/OL]. [2017-03-01]. http://rufodao. qq. com/a/20170301/024718.htm?pgv_ref=aio2015&ptlang=2052

② 它是水果中的金科医生，这么吃最养生[EB/OL]. [2017-03-16]. http://health. sina. com.cn/hc/2017-03-16/doc-ifychhus1419215.shtml

脾、肺、肾。食物进入人体后，分别进入对应的脏器。味酸的食物，首先进入肝内，但酸味入筋，食用酸味过多，会小便不通、肌肉粗厚皱缩、口唇掀揭；味苦的食物，首先进入心内，但苦味入骨骼，食用苦味过多，会发生呕吐、皮肤枯槁、毫毛脱落；味甘的食物，首先进入脾内，但甘味入肌肉，食用甘味过多，会感到心胸烦闷、骨骼疼痛、头发脱落；味辛的食物，首先进入肺内，但辛味入气管，食用辛味过多，内心会有熏灼之感、筋脉劲急、爪甲枯干；味咸的食物，首先进入肾内，但咸味入血液，食用咸味过多，会导致口渴、血脉凝固、面色发生变化。①

中国传统文化讲究中庸之道，饮食五味同样如此，不可偏废，否则，必然对身体造成伤害。据调查，以日常必食用的食盐为例，山东农民每天吃 17.3 克，高血压发病率 15.8%；广西农民每天吃 7.8 克，高血压 8.5%。北美爱斯基摩人每天只吃 4 克盐，高血压发病率仅为 4%；日本北海道秋田地区，因为吃咸鱼，一天吃 28 克盐，高血压发病率超过 30%。

（二）低温烹饪

中国饮食讲究低温烹制、适温进口，比如肉类 71 ~ 80 °C、蔬菜 50 ~ 60 °C 烹制，体温上下入口；水果 10 °C 左右最营养。中国食品科技学会提供数据显示，每一公斤食品所含的丙烯酰胺：煮土豆是六十九微克、炸薯片四千多微克、洋快餐店的炸薯条达五千多微克（超标上百倍）。丙烯酰胺，可以诱发良性或恶性肿瘤。所以中国人从西亚引进了小麦，但拒绝了面包，中国人始终坚持低温烹饪。西方国家感恩节吃烤火鸡，圣诞节吃烤鹅，都是高温烹制。

北京烤鸭是中国名菜，强调低温烹饪，体现了中华民族烹饪的智慧：把鸭吊起来，掏出五脏六腑，灌上水，肛门塞上秫秸秆，然后往鸭皮底下吹气至圆。鸭皮和鸭肉之间有几个毫米的间隙，而空气是热的不良导体，外面烤到 260 度，里边的水才开，鸭肉是煮熟的，吃着外焦里嫩。

（三）寒热平性

每个人的体质都是不同的。有些人属于寒性体质，有些人天生体质偏热。如果体质偏热，则一定要合理调整自己的饮食，适当吃一些寒性的食物；如果体质偏寒，则宜多吃一些热性的食物以补充热量。苹果性平，老人每天吃

---

① 李叶. 彩绘全注全译全解黄帝内经[M]. 北京：北京联合出版公司，2014.

一个苹果，能有效预防老年痴呆；香蕉性凉，含有 5-羟基色胺的前体，还能降压；螃蟹、柿子、山竹等性寒："柿蟹同食命断肠"，二者不能同吃；榴莲性热，有"果中王后"之称，可与"果中之王"山竹搭配。

（四）以形补形

这类食物主要有核桃、杏仁等。天麻鱼头汤，可以补脑、预防老年痴呆。但不能以肝补肝，因肝存毒素，要少吃。

（五）夏天食物宜暖

明朝御医龚廷贤所著的《寿世保元》说："夏月伏阴在内，暖食尤宜。""伏阴"指体内的寒凉之气。元代名医朱丹溪在《格物余论·夏月伏阴在内论》中说："世言夏月伏阴在内，此阴享有虚之义。"也就是说，虽然夏季温度高，但是人体内还是虚寒的，吃温热的食物对身体有好处：可以去寒气，暖胃。

第二节　茶文化*

俗话说："当家度日七件事，茶米油盐酱醋茶。"中国是最早发现和利用茶叶的国家，是世界茶文化的发源地。茶是健康之饮、灵魂之饮，不但能清六经之火、通七窍之灵，还可以洗脱身心之烦尘，消神益智。茶之美启真扬善，端正人的信念与行为，强化道德，自律养性。茶的功能涉及身体与心灵、人生和社会的各个方面，不但可以祛病养生，强身健体，还可以修身怡情，引导人们养成良好的行为习惯，提高审美情趣。在世俗的生活和雅致的把玩之中，茶可谓扮演着重要的角色。

一、"聪明"之茶

（一）芳香利聪

喝茶清六经之火，通七窍之灵，可以洗脱身心之烦尘，消神益智。写材

---

* 本节内容参考了 2014 年 6 月 9 日央视 4 台《文明之旅》栏目赵霖教授主讲的"舌尖上的茶"。

料时，泡杯茶，乏的时候喝点茶，会文思泉涌。《本草纲目》记载："茶使人神思爽，不昏不睡。"

茉莉花非常讨欧洲人喜欢，人们也喜欢用茉莉花茶作为礼物送人，为什么呢？因为从茉莉花茶中，能闻到春天的气息、春天的味道。花茶性温，有利于散发寒气，生发阳气。所以，春天宜饮花茶，如茉莉花、桂花茶等，"花引茶香，相得益彰"。

（二）耳聪目明

发酵的茶叶，都含有一种叫伽马氨基丁酸的成分。伽马氨基丁酸是一种神经介质，长期喝茶的老人，都耳聪目明。

在瘴气区，拿茶叶熬水洗眼睛，能治好眼病。当年诸葛亮采纳马谡之计"七擒孟获"时，蜀国士兵进入云南西双版纳瘴气地带闹眼病，诸葛亮于是让士兵拿茶水洗眼睛，很快就解决了问题，恢复了战斗力。曾经有人对二百个白内障病人做实验，发现喝茶的人比不喝茶的人，白内障发病率低一半，说明茶对白内障有很好的预防作用。

图 8　神农氏像

二、解毒之茶

茶叶有解毒之功，"神农尝百草，日遇七十二毒，得荼（茶）而解之"。据说神农氏是因为误尝"断肠草"，毒性太强来不及吃茶叶解毒而死去的。明代李时珍《本草纲目》："茶苦而寒，最能降火……又兼解酒食之毒，使人神思爽，不昏不睡，此茶之功也。"

（一）茶退烧

白茶是轻微发酵茶，主要产于福建福鼎、政和、松溪、建阳等地，色银白，有"绿妆素裹"之感。它可以存放，一年为茶，三年为药，七年为宝。白茶过去用来治小孩麻疹这类的高热病。中医对老白茶的评价是：味甘清凉，效同犀角（最凉的药）。如果小孩发烧，输液、用抗生素受不了，建议用福建福鼎陈白茶跟冰糖一块儿炖，让孩子喝。今天福鼎太姥山上的太姥娘娘像，传说就是为纪念母姥用白茶救活发烧小孩而塑的。明代李时珍说，凡病都是热往上走，喝了茶，热往下行，去热解毒。白茶性寒凉，对于胃肠不适的人不建议喝白茶；对于肾虚、心跳过快的人不建议喝浓茶，也不建议空腹喝茶。[①]

（二）茶美容

有一种茶叫黄茶，其中比较著名的是安徽霍山黄芽。喝霍山黄芽，可以调理胃肠。用茶洗脸，既能去油，又能打通毛孔，解决皮肤病。春天喝玫瑰花茶，可以丰胸、益气、活血、养颜；喝茉莉花茶，可以排出乳房中多余的毒素，保持乳房健康。夏天的洛神花茶、金盏花茶也利于丰胸。

（三）解决小儿多动症

糖是西方“合法的毒药”，含热量很多，营养很少。建议让孩子适量喝茶、少吃糖，因为喝茶有三“jìng”：让人安静、清静和恭敬。

三、益寿之茶

中国历代帝王寿命最长的是乾隆，活了 89 岁。退位宴会上，一老臣说“国不可一日无君”，乾隆回应“君不可一日无茶”。可见茶在乾隆皇帝的生活中占有重要位置，“铁观音”（外形紧，像铁，形似观音像）就是他起名的。

据说乾隆皇帝喜欢茶的程度，丝毫不亚于其收藏文物的嗜好，他不但几乎每天都要喝三顿茶，还经常在宫中举办茶宴，宴请群臣。除了收藏大量的茶具，乾隆还命人精制了一只小银斗，用银斗量出各种泉水的比重，排出泉水的优次再泡茶。乾隆《御制诗集》收录了数百首和茶相关的诗作，堪称中国茶诗之最，足见乾隆爱茶的程度。在众多茶叶中，乾隆更偏爱绿茶，这也是他长寿的秘诀之一。当年乾隆皇帝南巡，多次来到西湖茶区，据说他不仅亲自采摘绿茶，还把西湖的十八棵茶树封为“御茶树”，用来孝敬母亲。

视频：乾隆与茶

① 一种茶抗癌解毒[EB/OL]．[2017-02-09]．http://health.sina.com.cn/zl/2017-02-09/doc-ifyameqr7326378.shtml

（一）抗癌

绿茶是不发酵的茶，杀青后保留了绿色，所以绿茶含有非常高的茶多酚等天然抗氧化剂。餐前或餐后饮用绿茶，多种抗氧化剂在清除自由基时会协同作用，更能显示出绿茶的防癌与抗癌效果。2005 年西班牙和英国的研究发现，人一天喝三杯绿茶，可以获得足够的 EGCG（茶多酚的衍生物）。在血液中，茶多酚直接攻击肿瘤细胞里的双氢叶酸还原酶，此酶是当前最先进抗癌药攻击的对象。此外，茶色素中的茶黄素（人称“软黄金）也有抗癌作用。

有研究表明，绿茶可以预防前列腺癌、皮肤癌和卵巢癌：前列腺癌男性患者手术前每天喝 5 杯绿茶、红茶等，手术后分析其血样及前列腺组织发现，在他们的组织样本中，酚类的含量较高，在癌细胞的培养液中加入红茶、绿茶或苏打后发现，癌细胞生长速度显著减缓了；每天喝一杯茶的人，患鳞状细胞癌和基底细胞癌这两种常见皮肤癌的可能性，比不喝茶的人低 20% ~ 30%；每天坚持饮用绿茶的妇女，卵巢癌的发病率可比其他妇女减少将近 60%。①

（二）降脂减肥

人有两种肥胖，一种是“梨形肥胖”，屁股大；另一种是“苹果型肥胖”，肚子大。苹果型肥胖患者最严重，因为腹部每外长一英寸（2.54 厘米），身体内就增加四英里（6.44 千米）长的血管，从而大大加重心脏负担。腹部脂肪因为不容易运动，减肥时最难减掉。

有人拿兔子和老鼠做了两个实验，实验一：用普洱熟茶的高浓缩提取物，给老鼠灌胃两个月，结果发现老鼠腹部脂肪降低了三分之一。实验二：第 1 组兔子吃加了大量鸡蛋黄的饲料，第 2 组兔子吃加了茶叶末儿的饲料。试验做完后解剖，发现加了鸡蛋黄（胆固醇含量非常高）的兔子，主动脉里全是斑块；加了茶叶末儿的兔子，主动脉里干干净净。这样的实验表明，茶有很好的降脂减肥功效。

（三）治疗糖尿病

历代本草都提到，粗老茶治消渴（即糖尿病）。浙江产的球状六级绿珠茶，

---

① 哪种茶水最易致癌[EB/OL]. [2011-11-02]. http://health.sina.com.cn/hc/2016-11-02/doc-ifxxfysn8348752.shtml?cre=sinapc&mod=g&loc=33&r=15&doct=0&rfunc=85&tj=none&s=0

只能温开水沏、硬泡，因为粗老、等级低的茶中茶多糖（治疗糖尿病的主要药理成分）含量高，一遇高温就被破坏掉了，所以要低温泡茶。

（四）治疗便秘

茶叶除了有美容、养颜等作用外，还可以治便秘。

此外，每天坚持用茶叶泡脚不仅能缓解疲劳，解表散寒，疏通经络，驱除寒湿，杀菌止痒，而且还能改善睡眠，预防感冒。

四、待客之茶

在中国，茶饭地位相等，有句话叫“茶饭不思，滴水不进”。道家修养提倡辟谷，不吃粮食但可以喝茶。

（一）茶之菜

早在春秋战国时期，齐国宰相晏子就用茗（茶）做菜做粥。古装片电视剧中也常有“吃茶”的说法。在古代，茶是碾成末儿的，是可以全吃的。

视频：基诺族的凉拌茶

在基诺族，就有一种极为罕见的吃茶方法：凉拌茶。这种凉拌茶，以当地鲜嫩的茶叶为主料，将酸笋、酸蚂蚁、白生、大蒜、辣椒、盐巴等配料拌匀，佐以清泉水，便成了基诺族人独特的美食。

（二）茶之情

作家三毛谈饮茶时说，第一道苦若生命，第二道甜似爱情，第三道淡如微风。中国传统婚俗中，新女婿上门，上三道茶：第一道糖茶，寓意甜甜蜜蜜；第二道枣茶，盼早生贵子；第三道汤圆茶，寓意小夫妻团团圆圆，白头到老。由此看来，人之茶情，真可谓“生命诚可贵，爱情价更高。若为饮茶故，二者皆不抛”。

中国古代四大名著之一的《红楼梦》，其电视剧中也有以茶传情的片段。林黛玉进了院子后，和凤姐有下面一段对话。黛玉：“哟，今儿齐全，谁下帖子请的？”凤姐：“我还有件事求你呢。”黛玉：“你们听听，吃了他们家一点茶，就来使唤人了。”

视频：红楼梦中以茶传情

凤姐："你既然吃了我们家的茶，怎么还不给我们家做媳妇，嗯？"（众人大笑……）

（三）茶之交

1. 迎送客人

古代大户人家招待客人，主人一句"看茶、上茶"；客人落座，敬茶；若话不投机，主人会"喝茶皱眉"，端茶，起身，管家一句"送客"以示主人"嫌弃"。另外，"酒满敬人，茶满欺人"：茶倒七分满，以便主人继续添茶显热情；茶倒十分满，表示客人不受欢迎，喝完该告辞了。

2. 文士茶

中国人春夏两季多爱绿茶，借其生发之气以养阳。很多文人墨客也多喝绿茶，品茗喝茶的同时可以做很多知识层面的工作，比如谈话、交流、吟诗、作画等，所以绿茶又被称为"文士茶"。唐代诗人、文学家卢仝，好茶成癖，被尊称为"茶仙"，著有《茶谱》，与陆羽的《茶经》齐名。其中的"七碗茶诗"最脍炙人口："一碗喉吻润；二碗破孤闷；三碗搜枯肠；惟有文字五千卷。四碗发轻汗，平生不平事，尽向毛孔散；五碗肌骨清；六碗通仙灵；七碗吃不得也，唯觉两腋习习清风生……"将茶祛病健身的功效和饮茶志趣，表现得淋漓尽致。难怪当代著名宗教人士、佛学家赵朴初先生写有《茶诗》一首：

七碗受至味，
一壶得真趣。
空持千百偈，
不如吃茶去。

作家冰心的祖籍为福建省长乐县，此地盛产茉莉花茶。茉莉花茶也因此成为冰心的最爱。老舍先生钟爱茉莉花茶，他与冰心的友谊深厚。每去冰心家，进门第一句话就是："茶泡好了没有？"老舍有一首七律赠冰心夫妇，开头即为"中年喜到故人家，挥汗频频索好茶。"

3. 以茶代酒

三国时吴王孙皓特能喝酒，大臣韦曜很有才华，但一喝酒就受不了。孙皓爱才，密赐茶荈以代酒，让人把茶熬的水装进酒瓶，从而发明了“以茶代酒”。茶与酒都是饮料，社交场合以茶代酒惯常用之，并不失礼仪。

第三节　醋文化*

古人云：柴米油盐酱醋茶，琴棋书画诗酒花。醋，作为一种调味品，是人们日常生活不可缺少的必需品之一，中国醋文化源远流长，据说醋是东周时期酿酒师杜康的儿子黑塔发明的。子曰（《论语》）：“孰谓微生高直？或乞醯焉，乞诸其邻而与之。”说明孔子时期，醋已经进入寻常百姓家了。1973年，长沙马王堆西汉墓出土了帛书《五十二病方》，其中很多医方用到了醋。今天，人们经常用醋调味，用醋杀菌消毒。

一、醋之源

醋是调味品中常用的一个品类，是烹饪中常用的一种液体酸味调味料。最早的时候，人们以梅代醋。据说上古时期，尧帝有一次患厌食症，群臣无策。这时彭祖用豆酱、肉酱、梅等做了一道“五味调羹”，尧帝吃后离奇痊愈。为赏赐彭祖，尧帝把徐州分封给他，这便是史上有名的“制羹受封”。后来发现粟米发酵后也可以出来酸味，于是用粟米发酵做曲制酸，这是早期的醋。

醋的酸味是发酵的结果。在发酵技术诞生之前，先人们曾通过捕捉酸蚂蚁来获取酸味，史称“嚼蚁而酸”。酸蚂蚁多筑巢于江河岸边的树上，形似普通蚂蚁，只是大腿后有个内藏蚁酸的透明小球。至今云南的基诺族、傣族等少数民族，还有食用酸蚂蚁的传统，酸蚂蚁酒、酸蚂蚁凉拌菜，都是他们招待贵宾的上等美味。

相传在东周时期，酿酒师杜康把生意从老家河南汝县做到了江苏镇江。杜康的儿子黑塔发现酿完酒后，酒糟全浪费了，于是把酒糟搁在大缸里、密封、发酵。发酵的第二十天夜里，黑塔做了一个梦，有一个老人点拨他，说明日酉时把缸打开。第二天缸一打开，出来一股喷香味儿，这喷香的调味汁就是今天的醋。黑塔琢磨给它起个名儿，酉时、发酵二十一天，于是就有了“醋”字：左边“酉”表示酉时，右边“昔”表示二十一日。于是有了“杜康

* 本节内容参考了2014年9月15日央视4台《文明之旅》栏目赵霖教授主讲的“神奇的醋”。

造酒儿造醋”之说，也有人说醋是嗜酒如命、“竹林七贤”之一刘伶的妻子发明的。

物以稀为贵，东周开始设“醯人”官职，专门负责醋的调度使用。当时朝野宴会水平的高低，以醋的用量多少来判断，毕竟“五味调和醋当先”嘛。孔子的学生微生高找邻居借醋给朋友，说明醋开始进入百姓家。宋代出现“柴米油盐酱醋茶”一说，说明醋已经进入所有社会家庭了。

二、醋之药

在《伤寒论》《本草经集注》等古代医学典籍中，醋又称苦酒、淳酢、醯、米醋等，说明醋很早就可以用来治疗疾病。

（一）开胃消食

视频：醋能开胃

你吃过以豆制品为主的洛阳水席吗？这个水席，第一道上来的就是一壶醋，先喝点儿醋开胃，然后就可以多吃点了。相传中国历史上唯一的女皇帝武则天有一次闹病，不思饮食，腹部胀满难受，御医百治无效，武皇怒斩一御医。这时一个道士进献洛阳小米陈醋，只几天就医好了武则天的病。小米陈醋有很好的开胃消食的作用。

有人做了一个开胃实验：找三条狗，分别给狗灌等量的水、柠檬汁和醋。实验发现，灌了醋的狗，分泌胃液最多。胃液是促消化的，所以醋开胃。醋之所以能开胃，是因为醋本身含有一些特殊的挥发性物质和氨基酸，喝下醋后，氨基酸能够直接刺激人体大脑中枢神经，被刺激的中枢神经迅速发号施令，使消化器官分泌大量消化液，而消化液能够促进人体对食物的消化吸收，增加食欲。

（二）杀菌消毒

公元1348年，人类历史上爆发了极为罕见的黑死病。这场肆虐的瘟疫，据不完全统计，在全世界共造成大约7500万人死亡，其中欧洲三分之一的人口在这场瘟疫中丧生。有学者指出，当时黑死病造成的危害，不亚于现代核武器。通过对黑死病相关记录的研究，科学家和历史学家认为，这场人类灾难正是源于鼠疫，正是寄生在跳蚤身上的鼠疫杆菌，

视频：醋的杀菌功效

通过黑鼠等动物的传播使人患病。然而，令人匪夷所思的是，当时法国马赛地区的一伙窃贼，大多是从黑鼠横行的下水道出入各大商场行窃，却安然无恙。窃贼被抓后交代，他们每天喝很多加了一些草药的醋，进下水道之前，还闻足一个小时的醋味。这是他们没有被感染的根本原因。每年开春或进入五月，家庭主妇都拿老陈醋逐间房逐间房地熏，其目的在于杀菌消毒。

醋含有大量有机酸、各种各样的有机化合物、生物活性物质，能杀死葡萄球菌、致病性大肠杆菌等八种以上的致病菌。同时，感冒病毒的核糖核酸，对酸碱度特别敏感。病毒培养基一般为七点二左右，醋则是五点多，稀释和蒸发出来，就破坏了病毒的生存环境。山西老陈醋夏晒三伏、冬捞三九，酿造八年后，四百斤醋浓缩成一百八十斤，变成高度浓缩醋，烧开了之后，没有解离的酿造醋分子就有了很强的灭菌作用。醋在发酵时还加入活血化瘀、清热解毒的中药，所以山西清徐醋厂三代工人没有癌症患者，心脏病发病率也极低。

（三）活血消疲劳

用 45 °C 左右的热水加醋泡脚，泡到足三里穴位，能够活血，消除疲劳。一般人运动以后，会觉得很累。原因在于运动后肌肉中产生乳酸，乳酸积聚后就有疲劳感，而醋能促进乳酸的代谢，把乳酸代谢成二氧化碳和水，乳酸减少了，人就不觉得疲劳了。

（四）治胆道蛔虫

例如，东汉名医华佗开有一“蒜齑大酢”医方，治好了胆道蛔虫患者的病：把蒜捣烂，加醋做成调料，让患者喝三升，不久病人吐出蛔虫，痊愈。

（五）治腮腺炎

据说，宋代福建永春一庄姓人，中进士后进了国子监，做皇太子侍教。皇太子有一天突然患腮腺炎了，他就拿永春醋调药给太子服，最终治愈。

（六）治关节炎

山西老陈醋的发明人王来福，早些时候每天赶马卖自家醋，因为外感风寒得了关节炎，寻医明清大学问家傅山。傅山把醋胚给蒸了，敷在其关节上，获得了很好的治疗效果。

（七）治便秘

山西省有句俗语叫，“便秘用陈醋，胜过药无数”。每天早上吃粥时，粥里滴上七八滴老陈醋，坚持一段时间，醋调整好肠道菌群，便秘就没有了。有一项针对北京市一百多位百岁老人的调查发现，老人肠道中的双歧杆菌和乳酸菌含量比较高，所以能活百岁。

（八）降血压

每天早上取一勺醋蛋，加一点点蜂蜜，用温水调和后空腹喝，有助于软化血管，降血压。

（九）治烫伤

《本草纲目》记载，有一员外过生日，大摆宴席，厨房放了一大盆醋。员外的儿子特别调皮，东跑西跳的，不小心跳进火坑，把棉裤烧着了。照看他的人一急，把他扔到醋盆里，结果烫伤很快痊愈。

（十）抑制视力下降

对于电脑族来说，常食醋泡黑豆，可以抑制视力下降。醋泡黑豆做法：将黑豆洗净、晾干，用电磁炉平底锅加热。再用武火爆炒，黑豆的皮很快迸裂；然后改文火，炒约 5 分钟（炒时拿筷子搅动以免炒糊）后晾干，用干净容器如大玻璃瓶装好，往瓶里加陈醋浸泡两小时，黑豆吸足了醋以后，就可以直接食用了。若觉得有点酸，可以加点蜂蜜。

其他方面，醋治失眠：一汤匙食醋倒入冷开水中，搅匀喝下，可迅速入睡；治昏厥：手帕浸过食醋后，捂在患者鼻子上，可刺激其清醒；通鼻：若感冒鼻塞，把醋煮开后，用鼻子猛吸热气，可通鼻；用醋涂抹蚊虫叮咬处，可减轻痒痛、消肿；醋加白糖冲开水，凉后喝下可解暑；坐车前喝醋开水，防晕车。当然，下列情况不宜吃醋或少吃醋：第一，本身胃酸多、老冒酸水的人，少吃醋；第二，胃溃疡患者，少吃醋；第三，吃药时别吃醋，否则影响药效。

三、醋之女

（一）女人“吃醋”的来历

相传唐太宗李世民当皇帝后，宰相房玄龄因功受赐两位美女和梁国公爵位。房玄龄说爵位可以受，但两美女不能要，因为他夫人不会答应。第二天上朝，李世民对房夫人说她有两条路可选：一是同意丈夫纳两位美女为妾，二是喝下一壶毒药。房夫人非常刚烈、宁折不弯，抱起“毒药”一口喝完，喝完才知道是醋。李世民只好作罢，撤回了两美女的赏赐。这就是“女人吃醋”的最早来历。

（二）喝醋治“吃醋”

女人偶尔吃醋，对缓解情绪有好处。因为酸入肝，女性疾病以肝为主，肝瘀特别多，所以女人经常吃点醋，是有好处的。当然女人喝醋得掌握度，一次最好不要超过 15 毫升，“物无美恶，过则为灾”。

第四节　豆腐文化*

民谚有云：“小葱拌豆腐，一清二白”、“白菜豆腐保平安”、“可一日无肉，不可一日无豆”……可见豆腐是人们日常生活当中经常吃的一道美食。豆腐源于中国，是一种以黄豆为主要原料的绿色食物，豆腐距今已有 2100 多年的历史。豆腐从诞生那天起，似乎就成了中国人餐桌上不可或缺的食材。以豆腐为原料的常见菜肴，多达两千余种，而包括酱豆腐、臭豆腐、冻豆腐等在内的各种衍生的豆腐小吃，多达几十种。此外，豆腐因其丰富的营养、广泛的食疗价值，被李时珍写进《本草纲目》。在民间，豆腐还被誉为“东方龙脑”、“植物肉”。今天，豆腐已通过分布世界各地的中餐馆传播到了海外角角落落，成为全世界人民的一道美食。豆腐是如何发明的？吃豆腐对我们的健康有什么好处，豆腐承载了怎样的中国传统文化呢？

一、豆腐之源

（一）豆腐的发明

豆腐的发明与中国农耕文明的历史密切相关，古代五谷中的“菽”，代表大豆，豆腐原名“菽乳”。宋代大文豪苏东坡所作的“煮豆作乳脂为酥，高烧

---

* 本节内容参考了 2015 年 5 月 18 日央视 4 台《文明之旅》栏目赵霖教授主讲的“小豆腐，大智慧”。

油烛斟蜜酒”诗句，其中的“酥”就是豆腐。据说，豆腐的发明和第一次使用，与西汉时期汉高祖刘邦的孙子、淮南王刘安有关。

刘安反对儒学相信道学，道学讲究炼丹以求长生不老。公元前 164 年，刘安在安徽省寿县与淮南交界的八公山炼丹，偶以石膏点豆汁，点石成金不成，点出了豆腐。刘安是孝子，母亲生病吃不动豆子，他就把豆浆点成的豆腐脑或豆腐花给母亲吃。今天的安徽省寿县，也成了名副其实的中国“豆腐之乡”。

1960 年在河南省密县打虎亭东汉墓发现的石刻壁画，大多认为不是酿酒，而是描写制作豆腐的过程。汉代豆腐未曾将豆浆加热，是最原始的豆腐，其凝固性和口感较差，未能进入烹调主流。到宋代，豆腐已成为重要的食品。

（二）豆腐的别名

1. 福黎

“福黎”这个词用得特别好，意为“把福降给黎民百姓”。民谚“鱼生火，肉生痰，白菜豆腐保平安”、“家住川湖界，豆腐当小菜，烤着木炭火，除了神仙就是我”，豆腐是每个人都能吃到的，早年贫困人家有人生了燥热类的病症，没钱看医生，经常是吃几块豆腐，权当抓药治病。

2. 小宰羊

古代对羊肉评价很高，据说中医典籍第一个食疗方是“生姜当归羊肉汤”。有人认为豆腐比羊肉还要有营养，一百克豆腐含的蛋白质的量，比一百克羊肉还多，所以“小宰羊”这个名非常贴切。

此外，“沧海月明珠有泪，蓝田日暖玉生烟”（李商隐《锦瑟》），中国人眼中的豆腐早已不仅是一道美食，“软玉”、“方璧”、“雪花”、“玉乳”、“素醍醐”等豆腐别称，或多娇传神，或富有哲理。

（三）“吃豆腐”的来历

据说汉代发明豆腐后，街坊上出现很多豆腐快餐，快捷又营养。有一豆腐摊的老板是个漂亮女人，人家给她起名儿“豆腐西施”。顾客以买豆腐为名，帮她忙乎、找她说话，趁机碰碰她手或臂什么的，“肌肤之亲”逐渐演变成“吃豆腐”了。

豆腐

二、豆腐之食

豆腐营养丰富，含有铁、钙、磷、镁等人体必需的多种微量元素，还含有糖类、植物油和丰富的优质蛋白，素有“植物肉”之美称。豆腐的消化吸收率达95%以上。两小块豆腐，即可满足一个人一天钙的需要量。

（一）东坡豆腐

宋神宗元丰二年（1079年），苏东坡因为反对宰相王安石变法被贬黄州，任团练副使（相当于今天的民兵营副队长）。经济上不宽裕，特爱豆腐的苏大美食家在没有东坡肉、东坡肘子吃的情况下，苦中作乐，琢磨着做豆腐花样菜。他把廉价豆腐放入面粉、鸡蛋中挂糊，再用五成热油锅炸制，配以笋片、香菇和调味料，做好后发现此菜质嫩色艳、鲜香味醇，丝毫不输徐州东坡肉美味。

今天的东坡豆腐配料及做法（大约如下）：豆腐一块（400克），切成3公分的小块；放入盐（3克）、料酒（5克），腌制5分钟；锅里放入花生油（30克）、沾上一层面粉（30克）的豆腐，煎制至两面金黄色；土豆（100克）、香菇（3朵）切成丁，放入锅中煎制；放入葱（5克）、姜末（3克），倒入料酒（5克）、酱油（10克）、白糖（5克）、甜面酱（20克）；添加适量水，烧制5分钟；放入味精（2克）调味，即可出锅。[①]

（二）西施豆腐

西施豆腐是浙江诸暨的汉族风味名菜，无论是起屋造宅、逢年过节，还是婚嫁、寿诞、喜庆、丧宴，每每成为席上头道菜肴，还是老百姓经常做的家常菜。诸暨是西施的故乡，所以在美食前冠以西施之名。相传，乾隆皇帝游江南时，与宠臣刘墉一起到诸暨微服私访，两人尽心游阮，信步来到苎萝山脚小村，只见农舍已炊烟袅袅，方觉肚中饥饿。在一农家用餐，享用“西施豆腐”后，不禁击桌连声称妙，闻其菜名，“好一个西施豆腐”，脱口而赞。[②]

（三）八宝豆腐羹

八宝豆腐羹是江南名菜。它的做法是将虾仁、鸡肉、火腿、香蕈、蘑菇、莼菜、松子、香葱等配料切成细小的丁状，与特制的嫩豆腐片一起，入鸡汤

---

① 东坡豆腐[EB/OL]. http://www.xiangha.com/caipu/5211280.html

② 西施豆腐[EB/OL]. http://baike.so.com/doc/5859104-6071947.html

烹制而成。此菜色泽艳丽。汤鲜味浓，鲜嫩滑润，异香扑鼻，红、白、青、褐四色相衬，色彩极其美观。豆腐滑嫩，荤料柔软，素菜香脆，口感鲜香。

相传，康熙皇帝南巡苏州，因舟车劳顿胃口大败，对各种山珍海味毫无兴致。这可急坏了当地负责接待的官员曹寅（《红楼梦》作者曹雪芹的祖父），因为服侍不好皇帝可能要掉脑袋，曹寅便选中了“得月楼”厨师张东琯。张厨师不愧为名家高手，他以江南时鲜菜果，做出八道色、香、味俱优的佳肴。其中就有以虾仁、火腿、鸡肉、香菇等配料与豆腐一起做成的八宝豆腐羹。康熙皇帝吃后非常满意，胃口大开，因菜无名，便御赐“八宝豆腐羹”。①

（四）臭豆腐

南方的臭豆腐以绍兴的最有名。绍兴人家家都有一罐，罐里拿苋菜等蔬菜发酵，发酵后在发臭的液体里搁上豆腐，几天后拿出来，臭豆腐就腌制成了。因为搁的是生豆腐，所以腌好后要烹饪（或蒸或炸）才能吃。

北方臭豆腐以王致和臭豆腐为代表，其是臭豆腐乳，慈禧太后曾赐名“青方豆腐”。王致和是安徽人，进京科考失败，于是决定开豆腐坊。他改了工艺，让豆腐长毛，一长到底而不是半截儿，把毛擦擦搁在臭汤里，发酵到最后，豆腐全软了，然后加盐腌制，就成了北方臭豆腐乳。它不用加工，拿出来就能吃。

（五）茉莉花熬豆腐

明代《遵生八笺》载有豆腐药膳：“茉莉花嫩叶采摘洗净，同豆腐熬食，绝品”。清代《本草求真》记载：“豆腐，经豆磨烂，加以石膏或卤汁而成，其性非温。”可以去火除热以安和。茉莉花可舒胆明目、清凉解毒，花香上透头顶、下去小腹，化油脂，解油腻。豆腐则宽中益气，和脾胃，下大肠浊气，消除胀满，能调节更年期妇女内分泌，利于减肥健美保身材。茉莉花与豆腐相结合，可除胸中陈腐之气。减肥者建议每天吃一至两次。

（六）合渣

又名“懒豆腐”。磨完豆浆后将豆渣、豆浆全倒入锅里，搁上各种蔬菜煮来吃，所以叫合渣。据说广西巴马地区的老人长寿，吃合渣是其原因之一。

---

① 八宝豆腐羹[EB/OL]. http://baike.so.com/doc/7654503-7928598.html

（七）豆腐禁忌

第一，豆腐是高蛋白食品，多吃对肾脏不好。第二，“一个豆子十个屁，十个豆子就一出戏”，豆制品不太容易消化，容易产气。第三，血尿酸浓度高、痛风患者，慎用。第四，“心急吃不了热豆腐”，小心烧伤食管。最后，豆腐不宜与许多其他食物混吃。

三、豆腐之疗

（一）治乳腺癌

英国地球化学家普朗特于 20 世纪 80 年代六次访问中国，完成著作《如何战胜乳腺癌》。她得了乳腺癌，两次手术，三次放化疗。她发现两个现象：一是中国几乎没有乳腺癌；二是中国人大量吃豆制品。于是，普朗特改吃豆制品。1993 年在英国体检时，突然发现乳腺癌淋巴转移，当天决定停止所有乳制品，改吃生态豆制品，六周后乳腺癌淋巴转移消失。她把这个经验传递给了英国 69 个乳腺癌妇女患者，让大家都停用乳制品而改吃豆制品。

（二）预防帕金森病

豆腐乳，尤其是臭豆腐乳，含有丰富的伽马氨基丁酸，伽马氨基丁酸能保护神经系统，使神经系统免受噪音之扰。很多老年人岁数大，但耳聪目明，就可能跟吃臭豆腐乳、酱豆腐乳有关。

（三）解酒毒

豆腐富含半胱氨酸，它正好跟乙醛反应，可以排出乙醛，所以豆腐有解酒毒的作用。宴会上如果一定要喝酒，可点豆腐菜如麻婆豆腐、豆腐汤、皮蛋烧豆腐等，吃豆腐有解酒的作用。“医圣”张仲景就曾用豆腐救过醉酒者。一酒鬼喝得烂醉如泥、昏迷不醒，张仲景把热豆腐切成薄片，贴满全身，冷了更换再贴，直到其苏醒。

（四）防治水土不服

经常到外地出差、跑业务的人，若水土不服或过敏，吃当地豆腐就能解决这个问题。豆腐没有季节和地域之分，任何地方和什么时候都可以吃到，比如东北的“雪里红炖豆腐”、北京的“沙锅豆腐”、江浙的“大煮干丝”、湖北的“钱袋豆腐”、四川的“麻婆豆腐”、海南的“豆腐烧”等。

其他疾病方面，豆腐对更年期疾病、骨质疏松症、肝功能疾病、糖尿病、动脉硬化、伤风和流行性感冒、心血管疾病、老年人便秘等都有很好的预防和抵制作用。

四、豆腐之德

“大烹以养圣贤”、“食以养德”，在中国传统文化中，“食”与“德”向来是密不可分的。明代最后一位大儒刘宗周，以豆腐修身，简约于食，克己寡欲，“日给不过四分，每日买菜腐一二十文”，正是遵循了“孔孟食道”所倡导的“耻于味欲，安于俭食，养生为度”。

“刀子嘴，豆腐心”说的是做人的宽和，谦让，容忍，善良，“小葱拌豆腐”说的是豆腐的纯洁，“马尾拴豆腐”则是生活经验的总结了。清代胡济苍的《咏豆腐》诗云：“信知磨砺出精神，宵旰勤劳泄我真。最是清廉方正客，一生知己是贫人。”分明就是一首修身诗。中国清正儒士不畏清贫、不畏强权、洁身自好和砥砺德行的修身诉求，在具象的豆腐身上获得共鸣，也通过食豆腐得以践行。

清代褚人获在《坚瓠集》中，将豆腐的品行归纳为“十德”：“水者柔德。干者刚德。无处无之，广德。水土不服，食之则愈，和德。一钱可买，俭德。徽州一两一，贵德。食乳有补，厚德。可去垢，清德。投之污则不成，圣德。建宵糟者，隐德。”豆腐俨然成为中国文化中理想人格的化身。

据传，明朝开国皇帝朱元璋小时候差点饿死，靠一老太太的“珍珠翡翠白玉汤”（其实就是一点剩饭、一小把菠菜、一小块豆腐和汤水的混合物）得以活命。当皇帝后，他要求明朝朱家子孙每天都要吃豆腐，实则告诫子孙不要忘了勤俭的美德。

“小葱拌豆腐，一清二白”的典故，也与朱元璋有关。明朝建都南京，朱元璋派大臣刘基监工。刘基非常廉洁，因得罪贪官而遭到联名诬告。朱元璋有点信不过他了，就让他在金銮殿上做个解释。刘基上金銮宝殿时，一手拿着账本，一手提一瓦罐。朱元璋知道账本是怎么回事，但不知罐中所装何物，让人把罐打开一看，装的是小葱烧豆腐，旁边站着的刘基，一副大义凛然的表情。皇上马上明白了，不能冤枉忠良，于是让刘基继续监工修城墙。

五、豆腐之影响

（一）对粮食革命的影响

豆腐，体现了一种饮食文明，为什么？一亩地用来种豆子，获得的蛋白质的量，是这亩地用来种草去喂牛获得蛋白质量的16倍。中华民族是以植物性食物为主的，这个非常重要。因为我们人口众多，土地有限，我们用世界上百分之七的耕地，养活了世界上百分之二十二的人口。

美国有一本书《这不可能是豆腐》，介绍了七十八种豆腐的菜肴。《法兰克福汇报》一篇文章说，相信21世纪，德国最畅销的不是汽车，而是中国豆腐。我们的饮食结构，过去是“吃饱求生存”，现在基本上是“好吃求口味”，但要追求“吃好求健康”。

（二）豆腐与中国革命

对豆腐精神层面的认同，一直绵绵承继，承载着中国人的道德追求。革命家瞿秋白在英勇就义前的遗书《多余的话》中，就以这么一句话为结尾：“中国的豆腐也是很好吃的东西，世界第一。永别了。”这看似多余甚至是毫不相干的临终遗言，正是瞿秋白先生对自己人生信念的最好表白。

第三章　齐家：中国教育文化之旅

本章主要讲述家教的学问、诸葛亮《诫子书》、颜氏家训和曾国藩家书。美国人说不怕中国的经济与军事而怕中国式“虎妈”，因为美国虎妈蔡美儿写了一本自己如何教育孩子成才的书《虎妈战歌》，对美国社会影响很大。在物质生活日益改善和提高、孩子吃苦能力较为低下、电子产品充斥孩子闲暇时间的当下，从传统家书和教育中吸取营养，是精神文化生活较为缺失的部分人该思考的。

第一节　家教文化*

中国是重视家庭教育的国度，历史上留下很多经典著作，像《三字经》《弟子规》《颜氏家训》《朱子格言》等，还有一些和家教相关的历史故事，如孟母三迁、岳母刺字等，今天人们该如何让家教传统与新时代生活相结合，如何更好地开展现代家庭教育呢？

一、家教与门风

文化学者于丹教授认为，中国最大的家庭资产是家教和门风。家教和门风就是教育后人不辱没祖先，厚道做人，老实本分，勤恳持家，和睦相邻。它和学历、职称、财富、城乡等不见得成正比。

（一）《国语》鲁国大夫公父文伯母亲《论劳逸》

公父文伯做了高官，回家见母亲还在织布，说这事传出去会遭人笑话。

* 本节内容参考了 2015 年 1 月 5 日、12 日和 2011 年 8 月 1 日央视 4 台《文明之旅》栏目于丹教授主讲的“家教的学问”和“教育心得”。

母亲敬姜说：“古代的圣贤把百姓带到贫瘠的土地上，让他们安居。因为只有贫瘠土地的人，才能真正勤劳、发现自己的能力、珍惜自己的东西、人品更好，沃土不养能干的人，养懒汉。从古至今，女人都是要干家务的，国君的妻子要亲手给他织帽子上的缨子，官宦家的女人要给丈夫做祭祀穿的祭服，普通家的女人要给丈夫缝衣裳，我现在是个寡妇，不管儿子做多大的官，男耕女织，我做的是自己的本分。”

图 9　陶侃像

东晋大诗人陶渊明的曾祖父陶侃，从小生活特别贫寒，他母亲靠给人家扎鞋底、绑笤帚把儿供他读书，希望陶侃将来能有个社会地位。陶侃官至大司马之前，做浔阳县鱼梁小吏时，他将罚没的鱼腌制起来送母亲一小缸。陶母于是写信给他：“尔为吏，以官物遗我，非惟不能益吾，乃以增吾忧矣。”

无论是古代传统还是现代教育，女性都扮演着非常重要的角色。相夫教子、传承子孙、当好人，这是母亲的责任。母亲可以不识文断字，但要通情达理，让孩子做一个明理的人。因为笔者外公过世得早，作为长女的妈妈要和大舅帮外婆干农活，所以妈妈念到小学三年级就辍学了。从小妈妈就教育我和弟弟，做人要“三稳”：心稳、手稳和口稳。意思是说，做人要存善心，不能有坏心事；手要干净，莫乱伸，伸手必捉；嘴巴莫乱讲，祸从口出。自己长大了教育孩子，把“三稳”改版成“三好”：存好心、说好话、做好事。

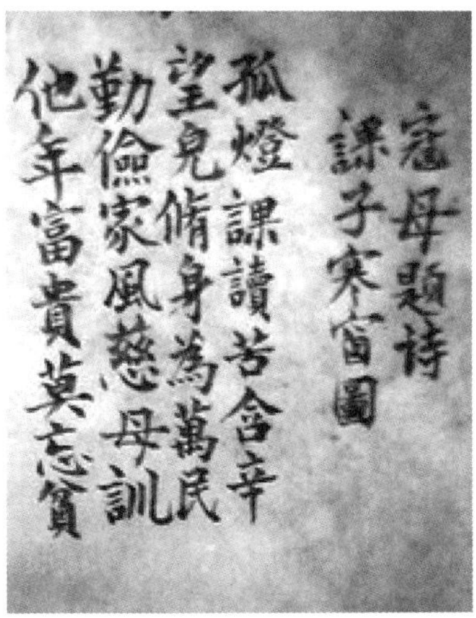

图 10　寇母：课子寒窗

（二）《寒窗课子图》：他年富贵莫忘贫

北宋名相寇准，少时极贫，考取进士时，母亲累得太厉害了，等不到儿子回来，她就把一样东西（即《寒窗课子图》）交给老家人，说儿子一定能高中，将来一定能当大官。在他要犯错误的时候，就把东西拿给他。

（三）匪母训子：没有娘这大脚，哪有你当师长的今天！

民航杂志《红高粱》登载，山东悍匪刘黑子，劫富济贫，杀人如麻。别人说他是悍匪，但村里人都说他是大孝子。抗日战争时期，刘黑子被收编为国军师长。他一心想让寡母"张大脚"风光一下，就号令全村人出来迎接母亲。母亲上轿，脚太大露在外头，刘黑子拉窗帘给母亲挡脚。寡母说："你嫌我脚大？我就靠这大脚把你拉扯大，不然你今天能当师长？"寡母一训斥，刘黑子当众跪下，给娘亲磕头谢罪！

（四）传承门风

周末的早上，一家人准备去郊游。爸爸在外面擦车，妈妈打扮得漂漂亮亮，儿子接到奶奶的电话，问是否回家吃饭。妈妈教儿子撒谎，说是爸爸要加班、儿子要读特长班，就不回家吃饭了。善意的谎言是允许的。但是，当妈妈们这样一字一句教孩子撒谎的时候，这个孩子以后又会怎样对他的双亲！所以，做父母的要注意言传身教，传承良好门风。

（五）家中有女为"安"

家中女人，要做到上不闹婆媳矛盾，中间夫妻不打架、不离婚，两边兄弟姐妹关系和睦，下与孩子没代沟。中国人建功立业，只有两个"tíng"：男人建功立业在"朝廷"，女人建功立业在家庭。家庭的"庭"一点都不弱于朝廷的"廷"，能不能把孩子教好，母亲这个角色很重要。甲骨文中，"安"=宀（新房）+女（新娘），表示新房中有新娘，男人的心就安定了，家就安稳了。古人称娶亲成家、宁神度日为"安"，称衣食充足而娱乐养心为"宁"，"安"是"宁"的基础，"宁"是"安"的高级境界。

图 11 甲骨文的"安"

二、担当与责任

（一）家庭教育，要让孩子从小能独立承担，能承诺责任

文化学者于丹的女儿，小学时把班上的孩子带到妈妈的学校看展览、玩

自行车。女儿同学弄坏了车，于丹让女儿向学校老师道歉，并找人维修。孩子自此知道只要是自己招呼的小朋友，就要负责任。一个四岁的小男孩，不管他在家碎了一个水晶花瓶，还是打碎别人家的玻璃窗户，只要他能出来说声对不起，没有大人跟四岁孩子计较，反而会挑着大拇指说小孩懂事，真棒！一个四十岁的人的责任感，或许就是由他四岁时的习惯决定的。“长大了会懂事”，这是一个伪命题。有很多奶奶或外婆跟第二代说，对孩子宽容点儿，孩子还小，长大了会懂事的。真的会这样吗？

有段时间，微信朋友圈疯传一则电视新闻，讲的是一儿子大学毕业后，每干一份工作都干不到一个月就辞职。他总是抱怨工作任务繁重，早上要早起，晚上要加班，太苦太累受不了。于是赋闲在家，要么上网打游戏，要么用妈妈不多的工资消遣度日。对于妈妈的指责，儿子振振有词：“如果你不能养活我一辈子，为什么从小对我那么娇惯？”这个节目播出后，很多家长陷入了深思：“我”好像平时也是这么管教孩子的，“我”家会不会有这种潜在的危机……

（二）西方人从小培养孩子独立，中国人从小呵护孩子

西方是城邦社会，较早进入商业和工业文明，因此西方的孩子要作为一个个体出去谋生。中国是家邦社会和农耕文明，家族维系在土地上。今天中国城镇化进程非常快，这迫使孩子的生活方式越来越趋于个体化、独立。有一本心理书说得特别好：世界上所有的爱，都以聚合为目的，比如朋友、恋人等，大家都希望能够越过千山万水和各种险阻聚到一起。但是，有一种爱，以成功地分离作为它的目标，这就是父母对孩子的爱。什么样的父母之爱是成功的？答案是孩子越早地与父母成功地分离，越能很好地独立于社会。

现代育儿理念要求一方面要有传统教养方式，另一方面又不能缺失现代理念。教一个孩子学会独立，这既是中国的古训，也是现代的要求。一个人能够对自己担得起责任，他以后就会觉得，我还能帮别人什么。世界不给我什么，那是本分；世界给我什么，那是情分。不给我，自己可以创造；给我，我就得感恩。现代家庭教育别让孩子产生这样的观念：世界不给我，啥都是亏欠，因为爹妈都给我；世界给我什么，都是应该的，因为爹妈都预备好了。

三、尊严与自由

（一）尊重意愿：孩子重点不在于做了什么，而在于怎么做

人生什么最重要？至少有两个内容：一是尊严，二是自由。无论是选择一种职业还是一段情感，人都希望能够得到尊严和自由。再多的薪水、再好的感情，只要伤害尊严和自由，我们可能就会选择放弃。尊严和自由是与生俱来的，不应该向别人乞求，也不是别人施舍给你的。所以，一定要尊重孩子的意愿和选择，对孩子许下的承诺一定要兑现。

（二）尊重意愿：兴趣班是开发班、寄托班，不是强迫班

兴趣班其实提供的是一种不确定性，看看孩子到底喜欢什么：音乐、绘画、舞蹈、理科还是文科。参加兴趣班是为了拿一种兴趣开发潜能，而不是让孩子一头扎进去，不是进“强迫班”寻求将来的饭碗。古人也有“兴趣班”，中国古代传统教育讲究“君子之座，必左琴右书，无故不撤琴瑟”。

古人教育中，礼乐是匹配的，不读书不知礼。儿子孔鲤过庭，孔子问读过什么书，曰：“不学诗，无以言；不学礼，无以立。”音乐教育，则是为了陶冶性情，既不是用来考级的，也不是用来表演的。“琴到无人听时工”，琴是弹给自个儿听的。

“竹林七贤”之一的阮籍烦恼时，“夜中不能寐，起坐弹鸣琴。薄帷鉴明月，清风吹我襟”。清风明月入怀，阮籍一个人在琴弦上寄托了他所有的忧思。陶渊明“大音自成曲，但奏无弦琴”；无琴弦没有关系，“独坐幽篁里，弹琴复长啸。深林人不知，明月来相照”，只有明月听得见王维内心的琴声！

四、成长与成功

（一）家庭教育：跟着孩子一起成长，成长比成功重要

今天，人们只看到了成功的重要性，忽略了成长的重要性。其实，成长和成功同样重要。考上名牌大学、身价千万、出人头地、名利双收就算成功？其实，成功是一个结果，成长是一个过程。成功是一个社会化的外在评价，成长是一种生命内在的自我评价。成长，保底是一个人的雪中送炭、温暖自己；成功，掐尖儿是世界的锦上添花、启迪别人。没有花，人死不了；没有炭，人会冻坏、冻死。

（二）可以不成功，但一定要成长；可以挫折，但不可走极端

逼着孩子考试拿第一或做事成功，最后孩子可能会没有退路。万一孩子没考第一或没成功呢？孩子输在起跑线上天不会塌，人生不止一条起跑线。哪条才是真正的起跑线？孩子的成长不像玩电游，输得不行了，可以让游戏“Game over”，重玩一局。生命一旦“Game over”，就不能重来一遍了。

（三）成长需要爱的教育

有这么一个故事：学校为了教育小学生，让孩子回家给妈妈沏碗糖水喝。第一个小孩捧上糖水，妈妈咕噜咕噜喝下去，“宝贝儿，真甜”，然后亲了孩子一口。孩子高高兴兴。第二个小孩捧上糖水，妈妈看都不看，“少来这一套，给我多考几个一百分，比什么都管用”。孩子很委屈。第三个小孩捧上糖水，妈妈倒是喝了一口，蹲在那儿、皱着眉头，“傻丫头，放多少糖啊，呛死我了”。孩子哇地一声哭了。这个故事告诉我们，一定要多给孩子爱！

（四）成长中的情感表达与艺术运动能力

情感表达包括正面情感表达和负面情感表达。正面情感是指对一个人的爱、喜欢和接纳，其能使人迅速跟陌生人打成一片，有较强的沟通能力。负面情感也很重要。一个人的负面情绪不宣泄出来，压抑久了，不在沉默中爆发，就在沉默中死亡。孩子在艺术和运动方面的能力，比识多少字重要得多。因为有运动和艺术的能力，就能保持身体和心灵的健康。如果从小在情感表达上是顺畅的，孩子就会有一颗自由和快乐的心。

五、安全教育

父母常常一方面教孩子不相信他人，防着别人；另一方面又没有具体的防范措施。以下几项，你们教孩子了吗？

外出不搭便车，不坐黑车。

走马路不要踩井盖，过马路绿灯亮时左右看有无车辆且走斑马线。

小裤衩、小背心覆盖的区域，是不许人碰的。

清晰地背下父母的电话号码。

安全和健康，比成绩和成功重要，活着比什么都重要。

……

害人之心不可有，防人之心不可无。家不是给孩子世界高精尖学问的地方，但可以给孩子人生的常识、社会的常识、人性的常识和道德的常识。在孩子的安全教育上，没出问题，小题大做，是防范；出了问题，可“大题小做”，要解决，少抱怨、少批评。

幸福的家庭基本上是相同的：家庭成员都有归属感和安全感，都有责任意识和奉献精神。

第二节　诫子书*

在中国传统文化中，诸葛亮是忠诚与智慧的代表。《出师表》一文让后世之人看到了一位忠君之臣的一片赤诚。诸葛亮还写了一篇非常著名的文章，这就是育子经典《诫子书》。在《诫子书》中，抒发了他对儿子教育怎样的思考和期望？

一、静以修身

视频：诫子书

《诫子书》开篇：“夫君子之行，静以修身，俭以养德。非澹泊无以明志，非宁静无以致远。”《出师表》又云：“臣本布衣，躬耕于南阳，苟全性命于乱世，不求闻达于诸侯。”这反映了诸葛亮对儿子（当时年仅八岁）怎样的一片苦心和谆谆教诲呢？

（一）不攀比

“比字两把刀，伤人又伤己。”人与人比来比去，往往比得没了底线，比得没了原则，比得没了立场，更重要的是比得没有人生方向。诸葛亮当年就不是一个爱攀比的年轻人，这是诸葛亮静气的第一点。当哥哥诸葛瑾在东吴孙权身边已经是手眼通天的顶梁柱、大红人（用今天的话说，早已是世界五百强的 CEO）的时候，当能力不如自己的老同学徐庶，已经成为刘备军师的时候，诸葛亮还是一位襄阳小乡村种地的小伙子、“吃土”布衣，天天脸朝黄

* 本节内容参考了 2015 年 6 月 1 日央视 4 台《文明之旅》栏目赵玉平教授主讲的“诸葛亮《诫子书》”。

土背朝天耕田、种地、插秧、施肥、收割粮食。诸葛亮于乱中取静，身处俗世而不攀比，难能可贵！

（二）情绪稳定

诸葛亮病死五丈原之前，除了留下《诫子书》家信外，还写了一封信。一位老臣在生命行将结束的时候，他最惦记的两个人，一个是儿子，另一个是他一生的对手——司马懿。诸葛亮希望司马懿先死，年长诸葛亮两岁的司马懿的存在，是蜀国最大的威胁！信的大致意思：仲达（司马懿的“字”）既为大将，统领中原之众，当披坚执锐，上前敢斗，不宜甘居土穴，此举与妇人又何异哉？诸葛亮为了刺激司马懿出兵，随信还给他送了女人用的胭脂花粉、一套女人衣服，包括内衣。曹魏满营众将怒了，司马懿怒火也上来了。但冷静的辛毗拿权杖堵在门口提醒了他。司马懿想：“为什么孔明要给我写这封信呢？他想让我出兵，我不能中计。”于是他来了一个“反气诸葛亮”，司马懿穿着那套女服，抹着胭脂花粉，在阵前来回扭了扭，跟诸葛亮回信说：“你看我这等苗条身材，下次把衣服做得瘦一点也行。”

“每临大事有静气，泰山崩于前而色不变，麋鹿行于左而目不瞬”，“宁静淡泊，观心为道”，只有“静以修身”、胸怀宽广之气、情绪稳定了，其他自我修养的事，才能着手去做。否则，“别人生气你买单”，大事没做成，自己倒先把自己给折磨死了。空城计、七擒孟获，是诸葛亮临危不乱、宽容不气的典型例子。当然，诸葛亮也偶有不“静”的时候，典型的例子有两次。

第一次是任用马谡。马谡精于谋略弱于战术，适合当参谋而不适合当主将。刘备曾有遗言“马谡言过其实，不可重用！”诸葛亮在街亭守将的挑选上，任用亲信马谡而忘了刘备遗言，终致“马谡大意失街亭，孔明挥泪斩马谡”。

第二次是白帝城托孤。夷陵之战后，刘备败退白帝城，临终给诸葛亮遗言：“君才十倍曹丕，必能安国，终定大事。若嗣子（后主刘婵）可辅，辅之；如其不才，君可自取。”诸葛亮听之失态，“涕泗滂沱”，放声三哭。一哭：革命老伯乐、老领导和老战友要走了，心痛；二哭：跟了这么多年还不信自己，心伤；三哭：先帝要走了，怎么配合后主，心乱。

二、俭以养德

（一）孔明自俭

“勤以养家，俭以养德”，节俭是穷人的财富，富人的智慧。诸葛亮去世前，给后主刘禅写奏章，大意是："我家无余财，仅有十五顷薄田，八百棵桑树，够子孙后代生活所用，所以我走后，请您不要赐给他们金银财宝。您可以查我的账户，这么多年，我没有给自己存一分钱，所用物品和穿戴衣物，都是朝廷标准配置。如果我有多余的一点钱，您治我和子孙后代的罪。"

在中国历史上，诸葛亮可能是第一个提倡官员财产公开的。他的公开财产为"零"。中国古人说，什么是棺材？升官又发财后，离死不远了，就叫棺材（谐音"官财"）。有句话叫"当官莫发财，发财莫当官"，存太多钱何益？攒钱有时就是攒祸，"官高压运，财大伤身"。老子说，吾有三宝：曰慈、曰俭、曰不敢为天下先。历史上著名的汉文帝，一生节俭，从不敢铺张浪费，从而开创"文景之治"，也留下了"德莫高于汉文"的美誉。

（二）俭出榜样

"上有所好，下必趋之"。刘备入川，大散众将财富。诸葛亮劝诫下属："要想体验豪华生活、花天酒地，就不要加入我们队伍，去当个小地主吧，我还能保护你安全。如果想名垂青史、彪炳千秋、成就伟大事业，就让自己人生几十年，过得光辉灿烂点儿、自俭点儿，自己管好点儿。"诸葛亮的副职董和，任朝廷中郎将（相当于今天的副总理一职），比诸葛亮还清廉。董和去世时，连丧葬费都没有。所以，刘蜀政权，虽然在三国之中实力较弱，但朝廷奢靡之风几乎不存。这正应了孔子之言："其身正，不令而行；其身不正，虽令不从。"

图 12　蜀汉董和像

（三）给人启示

子曰："奢则不孙，俭则固。与其不孙也，宁固。"意思是说，人奢侈了就会不恭顺，节俭了则显得简陋。与其不恭顺，不如简陋。《朱子家训》作为家训经典，第二句即为"一粥一饭，当思来处不易；半丝半缕，恒念物力维艰"，这是在告诉世人要俭"一粥一饭、半丝半缕"。诸葛亮给子孙没留什么金银财宝，留的是"诸葛"品牌和无形资产。今天，人们物质生活发达以后，精神世界不能萎缩。"俭养德"告诉我们，要通过节制自己的私欲，提高精神境界、精神空间和精神生活的质量。君子有家无别墅，小人有别墅而无家。

1845 年 3 月，28 岁的美国人梭罗，带着一把斧子，走到人迹罕至的瓦尔登湖。在湖边，他花费七美元盖了一个小木屋，屋里仅有一床、一桌、三椅。梭罗在瓦尔登湖边生活了两年多时间，自己种菜，吃最简单的食品，把物质生活压到最低，无特殊消费，不从事商业活动，也不攒钱。梭罗每天在湖边漫步读书，接触大自然，研究飞鸟飞行的轨迹，看小虫子爬行的方式，晚上燃一堆篝火，看风把火星子吹到黑暗的湖上，就像流星从夜空中划过一样。今天的年轻人，在物质生活水平提高以后，精神世界不能萎缩，应该牢记《瓦尔登湖》中的经典语录："我愿意深深地扎入生活，吮尽生活的骨髓，过得扎实、简单，把一切不属于生活的内容剔除得干净利落，把生活逼到绝处，用最基本的形式，简单、简单、再简单。"

三、学以广才

《诫子书》："夫学须静也，才须学也，非学无以广才，非志无以成学。"中国古代私塾教育的主要特征是背书。诸葛亮不一样，史书上用"独观大略"描述其学习方法，强调学习要有三个"有"：第一，有体系：学有体系的知识，不学无体系的知识；第二，有兴趣：兴趣是最好的老师；第三，有方向：不能偏离方向。学习有浓厚兴趣、正确方向和成体系的知识，才不致于浪费生命。

诸葛亮的儿子诸葛瞻，书法和绘画特棒，个人价值观很正，忠贞坚毅。邓艾伐蜀，诸葛瑾守绵竹，小败后退，弃险要力战邓艾，三十七岁战死沙场。十七岁的孙子诸葛尚，本可以逃生，一看全军崩溃，死人遍地，小爸也战死了，于是一跺脚："上不能报国家，下不能灭敌人，在外不能消灭魏军，在内不能清理宦官黄皓，活着还有什么意思？"上马摇枪战死。

四、戒淫与躁

《诫子书》云：“淫慢则不能励精，险躁则不能冶性。”“淫”指的是漫无边界，没有节制。比如，昨天看《管理学原理》，今天看《哈利波特》与《瓦尔登湖》，明天又看《组织行为学》或小说杂志，什么书都看，想看什么就看什么，没有方向和边界，一本小说看到凌晨三点，早晨起来又赶作业。即便是做一件有意义的事情，也不能“淫”，否则也是错的。精彩是有度的，如果过了就会起反作用，所以从学习的角度讲，“淫慢不能励精”告诉我们要有节制，有节奏和有计划。

“躁”指人管不住嘴，收不住腿，特想速成。当今时代，不少人吃药则吃速效胶囊、吃面则吃速食面、走路上高速、开车求快速、学习要速成、相亲谋速配……甚至，幼儿园学小学课，小学学初中课，初中学高中课，高中学大学课，到了大学回头补习幼儿园的课。

时下幼儿园流行一首儿歌：排排坐，吃果果，你一个，我一个，张三没到，留一个。儿歌告诉大学生们三个道理：一讲秩序；二讲分享；三讲考虑别人。家长心理险躁，孩子得其真传。一些家长总结孩子教育失败时，归纳为都是“不能输在起跑线上”惹的祸！人生是一个马拉松，哪个冠军起跑一百米是冲刺的？人生是一场足球赛，上半场踢得好不代表能赢球。如果说“不能输在起跑线上”是真理，然后用冲刺的方法跑马拉松，那么，跑者一定会死在半道上！

图 13　蜀汉诸葛瞻像

五、志向与团队

《诫子书》：“年与时驰，意与日去，遂成枯落，多不接世，悲守穷庐，将复何及！”诸葛亮青春年少，博览群书，知天下事，自比管仲乐毅，胸怀天下。刘备二顾茅庐，又没见着诸葛亮，带着关羽张飞大雪天拨转马头往回走。不想碰上一骑着小毛驴的老爷子（诸葛亮的岳父黄承彦），背着酒葫芦、鹤发童颜，还吟诗一首：“一夜北风紧，万里彤云厚。骑驴过小桥，独叹梅花瘦。”刘备有心请老爷子出山助其一臂之力以图大事。黄老爷子说，此地自有卧龙先生，你不找金砖找板砖、扔了钻石寻顽石？刘备心想：“这位高人居然也崇拜诸葛亮，可见诸葛亮绝非浪得虚名！”刘备得到荆州以后，也惊奇地发现，荆州不管是在朝的还是在野的，所有人都特别认可诸葛亮。可见诸葛亮不仅有才、有志向，还特别注意团队建设，与周边人缘关系挺好，水镜先生、徐庶、黄承彦，都来推荐诸葛亮。诸葛亮是在告诫儿子诸葛瞻，除了多读书，胸怀锦绣、腹有良谋，还得多跟大家接触，要有平台，有队伍，有战友，有团队。

第三节　颜氏家训*

谈到家庭教育，不得不提《颜氏家训》。此书诞生于 1500 多年前，在中国古代家庭教育史上影响巨大，享有“古今家训，以此为祖”美誉。《颜氏家训》内容丰富，体系完整，见解独特，字字精湛，句句经典，是南北朝时期著名学者、孔子弟子颜回后人颜之推留给后世子孙的精神食粮。在书中，颜氏结合自己立身、治家、处事、为学经验，教育后世子孙。这本书，它究竟讲了什么内容，在现代家庭的孩子教育中，还能发挥作用吗？

视频：颜氏家训

一、养成教育

（一）“人生小幼，精神专利。长成已后，思虑散逸，固须早教，勿失机也。”

上句话的大意是：人在幼年的时候，注意力集中，容易专心；长大成人后则精神涣散，难以专心，所以要在孩子幼年的时候多加教育，千万不要错过这个大好时机。《颜氏家训》的作者颜之推，在家书中说（译文）：“我自幼父母不在，跟着哥哥，哥哥事多，哥嫂不会像父母那样管教我。所以小的时

* 本节内容参考了 2016 年 3 月 28 日央视 4 台《文明之旅》栏目赵玉平教授主讲的“育子宝典《颜氏家训》”。

候，虽然诗书也读了，礼乐也学了，可是没有养成一些好的习惯。等到长大之后，才发现自己有很多问题，这时候再想改的时候，就有很大的困难。”这正应了孔夫子那句话：“少成若天性，习惯如自然。”

清代康熙皇帝有一本《庭训格言》，里面谈到了一个皇家教育特别有趣的例子。北京的夏天气候闷热，穿着里三层外三层的长袍长袖，就如同蒸桑拿一样，滴滴答答流汗。康熙要求孩子们夏天衣服要穿整齐，要穿正装。孩子们极不乐意，说为什么不能穿得轻薄、凉爽一点呢。康熙回答说，咱们不能像大门口那些贩夫走卒穿跨栏背心、人字拖、大短裤，摇着扇子悠哉悠哉。咱们是皇室，有正式的场合、正式的语言、正式的服装，咱们得有威仪，不能丢了皇家形象。康熙说自己小的时候也受不了，但时间久了，习惯如自然，别人五心烦躁、浑身流汗、满脸通红，自己一身正装坐在金銮大殿上，却神清气爽，神态安详自如，皇上的威仪自然增加了几分。

（二）“当及婴稚，识人颜色，知人喜怒，便加教诲，使为则为，使止则止。比及数岁，可省笞罚。”

视频：芈月育儿

孩子的认知发展过程一般是这样的：大概四个月大的时候，就开始有了听觉；半岁左右，有了嗅觉和味觉；三周岁之前，是孩子的秩序和规则养成的阶段。所以孩子在“婴稚”时期，在能识人脸色、能感受别人情绪变化的时候，就要及时加以教诲，“教妇初来，教儿婴孩”，增强规则意识，让孩子知道什么该做什么不该做；等到五六岁、七八岁的时候，就可以省掉一些严厉的惩罚。电视剧《芈月传》中的历史人物秦武王嬴荡，于洛阳举雍州鼎，不听劝阻而为之，终致断足而亡，年仅二十三岁。电视剧中，小嬴荡的母亲对他偏袒、溺爱、有求必应，基本上不加管教。

总之，对小孩子过度的爱是一种伤害。

二、品格教育

案例：孟孙氏请秦西巴当家教老师

《吕氏春秋》记载，孟孙氏带着秦西巴一帮人去打猎，射伤了一只小鹿，让秦西巴先带回去做鹿肉烧烤。秦西巴在回去的路上，看见母鹿一路哀鸣追随，小鹿绝望地看着妈妈，于是动了恻隐之心，放走了小鹿。孟回来后大怒，炒了秦西巴的鱿鱼。一年后，孟孙氏给孩子找家教老师，把各个专家筛选了一遍，最后决定用秦西巴。手下人不理解。孟孙氏说："撵走他是一时气愤，秦连只小鹿都舍不得伤害，富有恻隐之心、同情心，让他来教育孩子，孩子将来一定很了不起，一定会仁爱、正直和善良，从而造福社会。

三、浸润教育

"人在年少，神情未定，所与款狎，熏渍陶染，言笑举动，无心于学，潜移暗化，自然似之，何况操履艺能，较明易习者也！"颜氏意思是说：人在年少时候，精神意态还未定型，和人家交往亲密，受到熏陶感染，别人言谈举止之一丝一毫，即使无心去学习，也会潜移默化影响自己，自然相似，何况操行技能，是更易于学习的。浸润教育即环境教育。"蓬生麻中，不扶自直"，颜氏认为，有人先天禀赋好，有人靠后天的养成，因此环境因素、父母因素、邻居因素非常重要。

"与善人居，如入芝兰之室，久而自芳也；与恶人居，如入鲍鱼之肆，久而自臭也。"颜之推告诉后世子孙：和善良的人住在一起，就像进了开满兰花的房间，久而久之自己也满身芳香；和凶恶的人常住一起，恰似进了卖咸鱼的铺子，时间长了自己也满身臭气。颜氏这两段话讲的都是浸润教育，即环境教育。

"蓬生麻中，不扶自直。"颜之推认为，有人先天禀赋好，有人靠后天的养成，因此环境因素、父母因素、邻居因素非常重要。父母的榜样影响是排在第一位的。

四、情商教育

"每常心共口敌，性与情竞，夜觉晓非，今悔昨失，自怜无教，以至于斯。"

心共口敌：自己说出的话都恶心，自己管不住自己的嘴。

性与情竞：从本性上讲，本人是谦虚低调的、关爱和善良的，可是情绪上来了，就控制不住了。

夜觉晓非、今悔昨失：晚上睡觉时才觉得白天那些话不该说，肠子都悔青了，怎就做了那事呢。

自怜无教、以至于斯：后悔了好多回，无药啊。想好明天千条路，天亮还是走老路。

所以，要想拥有和谐的人际关系、成功的事业、幸福的生活，仅有善良、仁爱不够，还得管住情绪！

与颜之推同时代的北周大将叫贺若敦，因为管不住自己的嘴，发脾气闹情绪，最后触怒当权者被判了死刑。临刑前，他把儿子贺若弼叫来，说最大的梦想就是统一天下，征服南朝。现在要死了，做不了这事了，希望儿子能继承遗志。然后叫儿子张开嘴，给他一个礼物。儿子把嘴张开，伸出舌头，贺若敦用铁锥子在儿子舌头上狠狠扎了一下，血就出来了。贺若敦告诫儿子，要管住口舌管住嘴（贺若弼最后还是因为议论隋炀帝杨广被杀）。

五、遗产教育

“汝曹宜以传业扬名为务，不可顾恋朽壤，以取湮没也。”作为士大夫，颜氏和其他古代知识分子一样，主张留给子孙无形资产之精神财富，而非金银财宝类物质财富。他教育后代应该成就一番事业，做有意义的事，追求修身明理传道立世。与同时代的徐勉（吏部尚书）一样，主张给后人留下清白，而非钱财。正如《菜根谭》所说，后代有用，无需留钱财；后代无用，留钱财无益，反而招祸惹事。

六、颜之推简介及家书影响

（一）颜之推简介

视频：颜之推其人

颜之推（公元 531—595 年），出生于今江苏省一个士族官僚家庭，是大教育家孔子最得意门生颜回的后人。颜之推生活在中国历史上最为动乱的南北朝时期，经历了从南梁、北齐、北周到隋朝四个朝代的家国变迁。期间既当过高官厚禄的政府官员，又品尝了身为异国俘虏的屈辱；既在动乱时期当过流浪汉，有在朝代更替中做过阶下囚。颜氏意思的大起大落，让他比一般为人父母者有着更为深刻的人生感悟。

（二）为何写家书？

“夫同言而信，信其所亲；同命而行，行其所服。”同样的话要让别人相信，有感情人的话最容易令别人相信；同样的命令要让别人听，让人服气的人，他的命令最容易令人听从。

有人认为三种话父母最合适讲给孩子听或传之后人：第一，孩子自我管理的话（比如走自己的路、自己的事情自己做等等）。第二，孩子感情问题的话（如交异性朋友，若出自老师之口，学生可能觉得是骗人；出自父母之口，则觉得语重心长，对孩子终生有益）。第三，孩子为人处世、安全防范之类的话（如“害人之心不可有，防人之心不可无”等等）。

颜之推自幼习孔孟之道、听讲老庄之学，博览群书，为文词情并茂。但他“一生而三化，备荼苦而蓼辛”，常叹息“三为亡国之人”。为了用儒家思想教训子孙，以保持自己家庭的传统与地位，颜氏写出了这部系统而完整的家庭教育教科书，传给后世子孙，希望对他们有所帮助。实际上也收到了很好的效果，颜氏后代出了不少杰出人物，如颜师古、颜真卿和颜杲卿等。

（三）颜之推的后人

1. 颜师古

颜之推的孙子颜师古，在唐代是高祖李渊一朝的中书舍人，替皇帝写诰命、文书。颜师古的辞藻、文章出色，最大成就是很好地注释了《汉书》。天下评价颜师古，“勤于政事、擅长文辞”。

2. 颜真卿

除了“颜体”书法之外，颜真卿博古通今，学问很高，但最让人佩服的是“学问颜师古，正气颜真卿”。其正气的典型表现为：五原“御史雨”、抵抗安禄山、不屈李希烈。

3. 颜皋卿

颜真卿的堂兄，一样的忠臣烈士楷模，因大骂安禄山而被割舌而死。

第四节　曾国藩家书*

曾国藩，中国近代政治家、战略家、理学家、文学家，湘军的创立者和统帅。与胡林翼并称曾胡，与李鸿章、左宗棠、张之洞并称“晚清四大名臣”。作为中国近代史上最后一位大儒，有人称他为“中国古代之最后一人，中国

* 本节内容参考了 2014 年 9 月 1 日央视 4 台《文明之旅》栏目郦波教授主讲的“《曾国藩家书》”。

近代之第一人”，有人称“自古圣贤可佩但不可学，唯有曾国藩可佩亦可学”。曾国藩还是持家、教子、识人、用人等方面的“天下第一高手”，他的诸多智慧和经验，都收录在了洋洋洒洒近一千五百封的《曾国藩家书》中。

近世中国有识之家，莫不把《曾国藩家书》奉为治家圭臬。梁启超评价曾国藩“盖有史以来不一二睹之大人也已”，并最服曾国藩两句话：“莫问收获，但问耕耘”、“将来成就如何，现在想他作甚？着急他作甚？”毛泽东则说：“愚于近人，独服曾文正。”毛泽东故居至今仍保存着封面写有“润之珍藏”的四册线装本《曾国藩家书》。这些例子极具代表性地说明曾氏家书在国人心目中的地位和影响。

唐浩明对《曾国藩家书》作了如下评价：“这是一个思想者对世道人心的观察体验，是一个学者对读书治学的经验之谈，是一个成功者对功名事业的奋斗经历，更是一个胸中有着万千沟壑的大人物心灵世界的坦露。”①

视频：曾国藩简介

姜军认为《曾国藩家书》：“内容丰富，从处理人际关系到从政为官之道；从持家劝学到养生之道；从战胜绝境的胆略到培养与众不同的气质；从克服人性的弱点到掌握成功的步骤……应有尽有，思想深远，意义深刻。如：居官以耐烦为第一要义、勤俭生活可以治骄奢、为人处世要谦和、紧迫关头只有靠自己、善于抓住时机开创局面等……差不多句句都是‘药石之言’，处处‘待人之厚’，都是我们先圣先贤留下来的美德。”

一、孝友立家

1. 孝顺长辈

“九弟前带回银十两，为堂上吃肉之费，不知已用完否？”“如果做人没有档次，办事毫无道理，为亲族所唾骂，远近之人都鄙弃他，从而给父母带来了羞辱，这样的人即使用美食供养父母，并常常探视父母，也称不上是孝。敬神的人在那儿烧香许愿，也与子女常常以美食供养父母一样，没有什么实际的好处。”

早期的家信，曾国藩给祖父母、父母和叔父母，写有不少。祖父星冈公

① 如何学习曾国藩做一位优秀的家长？[EB/OL]. http://rufodao.qq.com/a/20151221/008404.htm？qqcom_pgv_from=aio

对曾国藩为人处世教子读书等影响很大，离开家乡考试、为官，处处告知长辈安全以及所取得的成绩，时时关心关注长辈们的身体健康和所担心的家事。祖父过世后受父命及工作原因没有回家而感到“终生遗憾”，大弟国潢代替自己和诸弟照顾上面两代长辈及教育子侄辈“深受其苦”，曾国藩不知道如何用词以示感谢，只有努力工作，尽量多给家里寄钱，以表心安。

春秋时期，陈留有位少年叫孙元觉，从小孝顺父母，聪睿机智，尊敬长辈。可他父亲却极不孝顺，恨不得元觉的祖父早些过世。一天，父亲忽然把病弱的祖父装进筐里，要把他扔进深山。元觉跪着请求，父亲不理，推车进山。他将老人扔在地上，转身要走，元觉却拾起筐说：“我要带回家，等你老了，也用它送你到这里。”父亲大惊：“你怎么可以说出这种话？”元觉说：“父亲怎样教育儿子，儿子就怎么做。”父亲悔悟了，忙把老人接回家，从此十分孝敬他。

2. 孝友传家

“凡天下官宦之家，多只一代享用便尽，其子孙始而骄佚，继而流荡，终而沟壑，能庆延一二代者鲜矣。商贾之家，勤俭者能延三四代；耕读之家，勤朴者能延五六代；孝友之家，则可以绵延十代八代。如果当高官就可以算是孝子孝孙的话，那李林甫、卢怀慎（笔者认为应是其孙卢杞）之类也算么？”曾国藩认为，“读尽天下书，无所谓一个孝字”，他认为孝是对长辈恭敬顺从，友是对平辈善意仁爱，一家人若以孝友态度相处，则家庭的兴旺可持续到八代十代。

“凡兄弟有不是处，必须明言，万不可蓄疑于心。如我有不是，弟当明争婉讽，我若不听，弟当写信禀告堂上。兄弟和，虽穷氓小户必兴；兄弟不和，虽世家宦族必败。”“自忆连年教弟之信不下数万字，或明责，或婉劝，或博称，或约指，知无不言，总之，尽心竭力而已。”曾国藩四个弟弟，国潢、国华、国荃和国葆，分别小他 11、13、15 和 18 岁，家书中有很多是写给几个弟弟的。长兄如父，曾国藩在“友弟”教育上，既当哥哥又当（或帮）父亲，或明确指出弟弟们的错误，或委婉加以劝告，又生怕自己做得不好，请弟弟们写信告知或禀明父亲加以纠正自己友弟中的失误，可谓用心良苦。

3. 孝友读书

“今人都将学字看错了，若细读《贤贤易色》一章，则绝大学问即在家庭日用之间。与‘孝悌’二字上，尽一分便是一分学，尽十分便是十分学。今人读书皆为科名起见，于孝悌伦纪之大，反似与书不相关。殊不知书上所载的，作文时所代圣贤说的，无非要明白这个道理。若果事事做得，即笔下说不出何妨？若事事不能做，并有污于伦纪之大，即文章说得好，亦只算个名教中之罪人。”“科名之所以可贵者，谓其足以承堂上之欢也，谓禄仕可以养亲也。今吾已得之矣，即使诸弟不得，亦可以承欢，可以养亲，何必兄弟尽得哉？”“吾所望于诸弟者，不在科名之有无，第一则孝悌为瑞，其次则文章不朽。”作为长子，曾国藩自己考取功名做了京官之后，并不鼓励弟弟们走“读书—为官—光宗耀祖”之路，认为弟弟们只要把书读好，把字写好，做个文化人、明白人，孝顺好父母，就够了。

“九弟信言诸妯娌不甚相能，尤望诸弟修身型妻，力变此风。若非诸弟痛责己躬，则内之气象必不改，而乖戾之致咎不远矣。望诸弟熟读《训俗遗规》、《教女遗规》，以责己躬，以教妻子。”原本姓氏不同、年龄不同、受教育程度不同、生活环境不同、不在一口锅里吃饭的两个或几个女人，因为诸兄弟先后走到一起变成妯娌并共同生活至老，理应和睦相处，为同一个家族理财持家、相夫教子、传承家风，带来娘家先进文化，发挥大家的聪明才智，为新家庭和新家族繁荣做出应有的贡献，绝不可以勾心斗角、斤斤计较、为各自的小家庭打算盘谋私利。古人说得好，“家和万事兴”，“积善之家，必有余庆；积不善之家，必有余殃”。1858 年，二弟曾国华（与李续宾）冒然进军，在三河镇惨败而亡，一时尸体都找不到。曾国藩给弟弟们写信，说国华战死是因为先前兄弟不和所致（1857 年曾父过世，几兄弟在家丁忧，为一些琐碎小事闹过不愉快）。因此，无论是兄弟之间还是妯娌之间的相处，兄弟都应“以责己躬，以教妻子”。

4. 孝友为官

“大凡做官的人，往往厚于妻子而薄于兄弟，私肥于一家而刻薄于亲戚族党。予自三十岁以来，即以做官发财为可耻，以宦囊积金遗子孙为可羞可恨，故私心立誓，总不靠做官发财以遗后人，神明鉴临，予不食言。”“将来我罢官归家，我夫妇所有之衣服，则与诸弟拈阄均分。我所办之书籍，则存贮利见斋中，兄弟及后辈皆不得私取一本。除此二者，予断不别存一物以为官囊。一丝一粟不以自私，此又我待兄弟之素志也。”“文官不贪财，武将不畏死”，则天下太平，百姓之福！有人说历史上位高权重又能得以善终，只有曾国藩和唐代郭子仪做到了。

曾国藩这种以当官发财为耻、以“宦囊积金遗子孙”为羞的高贵品质值得今人学习。作为同僚的民族英雄左宗棠为收回新疆立下汗马功劳，功在千秋，但在教子方面恐怕就远远不如其政绩了。据说晚年左宗棠，认为“不动资产”比金银牢靠和安全，于是在长沙为子孙大修豪宅。左氏拄着拐杖监工时，一高龄工匠轻蔑地说：“左大人，您就放心吧，几十年来我建过无数高宅豪第，从未倒塌过。只是，屋主易人常有之啊。”左宗棠听闻，一脸惭愧，哀叹离去。由此看来，偶为左宗棠不屑的一代大儒曾国藩确实棋高一着：“儿子若贤，则不靠官囊亦能自觅衣食；儿子若不肖，则多积一钱，渠将多造一孽，后来淫佚作恶，必且大玷家声。”

二、勤俭持家

古人云：“勤能补拙，俭以养廉。”《曾国藩家书》中出现得最多的两个字，即勤与俭。曾国藩说：“身勤则强，家勤则兴，国勤则治，军勤则胜。”又说“勤则兴，懒则败”、“千古之圣贤豪杰……不外一勤字”、“傲为凶德，惰为衰气，二者皆败家之道”，还说“天下古今之庸人，皆以一惰字致败”。

1. 严以律己

“黎明即起，绝不恋床”：早起勤奋读书。曾国藩自制了一个闹铃：在床边放个铜盆，盆上用绳拴个秤砣，再把香系绳上。香尽绳断，秤砣砸盆就会发出声响。曾国藩就翻身起床，开始点灯读书了。可是今天，不少人自设的手机闹铃响了一遍又一遍，最后还是觉得拒绝铃声、蒙头继续睡觉最划算！

曾国藩有每日写日记的习惯，其中一日记写道：“读书以训诂文本，作诗文以声调为本，事亲以得欢心为本，养生以戒恼怒为本，立身以不妄言为本，居家以不晏起为本，做官以不要钱为本，行军以不扰民为本。”后来官越做越大，因为吃饭只求“一碗饭一碗菜”而被称为“一品宰相”，可见生活之简朴。

2. 勉励诸弟

“由俭入奢，易于下水；由奢反俭，难于登天。”在大弟国潢四十寿辰上，曾国藩打算“将平日所称祖父之‘勤俭孝友，书蔬鱼猪’等语述写一遍”，作为寿序或格言相送。又说：“合署内外俱好，惟俭字日减一日。余兄弟无论在家在官，彼此常以俭字相勖，则可久矣。”

3. 教导子侄

自小在农村长大的曾国藩视“勤”为人生第一要义，对此他立下家规：“吾家子侄，人人须以勤俭二字自勉。”做京官时，他多次购买北方的大白菜、茄子种子寄回，并告诉家人栽培技术。为了不让子侄们有纨绔子弟的大少爷作风，曾国藩多次在家书中谆谆教诲：“吾家子侄半耕半读，以守先人之旧，慎无存半点官气。不许坐轿，不许唤人取水添茶等事。其拾柴收粪等事须一一为之，插田莳禾等事亦时时学之，庶渐渐务本，而不习于淫佚矣。”又说：“家中兄弟子侄，惟当记祖父之八个字，曰‘考宝早扫，书蔬鱼猪’。”他规定：“吾家男子，要勤于看（浏览翻阅）、读（认真仔细阅读）、写、作四字。即勤于读书写文章。吾家女子，要勤于做家务，做女功，做小菜等等。”他为媳妇及未出嫁的女儿定指标：每个月寄点小菜到军营给他吃，还要求她们每个月做一双鞋。”

读书之外，“入乎其内”，曾国藩很注重子女的实践锻炼。比如早茶规定，所有孩子早起自己烧水沏茶，不许假他人之手。规定孩子种菜，挑粪种菜，闻其粪香，方知劳动之果实。大儿子曾纪泽小时身体不好、小儿子曾纪鸿太胖，曾国藩就规定：儿子每天吃完中饭后，给五里外的舅舅请安。这样既给长辈请了安自己又锻炼了身体，一举两得。

古人说：巢林不过一枝，饮河止于满腹。俭朴的生活方式其实是智慧的选择。历史上那些穷奢极欲者，没有几个长寿的，如历代帝王活过 80 岁的，只有几个人，近代如一妻九妾的袁世凯、有“谭厨子”之称的谭延闿，都没有活过 60 岁。实际上，生活俭朴者往往高寿，如广西巴马地区那些“日出而作，日落而息”的寿星们。在物质生活日益充裕的今天，我们应更加明白力求简朴才是人生真谛。

英国物理学家霍金说：地球进化史持续 50 亿年，而人类文明从开始到现在顶多 20 万年，可是这 20 万年已将 50 亿年积攒的资源消耗一半。也就是说再过 20 万年，人类如果没有找到别的可供居住的星球，人类就要灭亡。其实，张嘴一口饭、躺下一块板，奢华的享受完全没有必要。

有人请教华罗庚成为大数学家的诀窍，他回答说：“发白才知智叟呆，埋头苦干是第一。勤能补拙是良训，一分辛苦一分才。”曾国藩正是奉行此良训，才得以千古垂名。著名京剧表演艺术家梅兰芳正是奉行此良训，才得以名震四方。梅兰芳曾说过：“我是个笨拙的学艺者，没有充分的天才，全凭自己的奋力苦学。”梅兰芳年轻时去拜师学艺，师傅说他眼睛呆滞，像死鱼眼一样，不是学戏的料，不肯收留。但这并没有让梅兰芳灰心，在知道自己的不足后，他开始反复地练习。喂鸽子时，每天仰望天空，双眼紧跟着飞翔的鸽子；养金鱼时，每天俯视水底，双眼紧跟着游动的金鱼，锻炼眼睛的活力。最后，经过不断的努力，梅兰芳的眼睛终于变得熠熠生辉，脉脉含情。天资不足但却通过勤奋来弥补，留下了他的不朽传奇。[①]

三、读书家风

“凡人多望子孙为大官，余不愿为大官，但愿为读书明理之君子”、“吾不望代代得富贵，但愿代代有秀才”，这里的君子和秀才，是指文化人、明理人。书中自有颜如玉，书中自有黄金屋。读书是人生最重要的事情，读书是唯一可以改变人生、为人君子的事情。曾国藩写信给儿子纪泽，“人之气质，由于天生，本难改变，唯读书可变化气质。古之精相法者，并言读书可以变换骨相”，正所谓：“书味深者，面自粹润。”

1. 读书改变气质

作为宗圣曾子七十世孙，曾国藩幼时最像孔子的大弟子颜回，“余性鲁钝”。左宗棠评价他“才具稍欠开展”，觉得曾国藩脑子不灵光。梁启超评价得更直接，“在并时诸贤杰中称最钝拙”。

有一天晚上，大概是快要“期末考试”了，十三四岁的曾国藩决定“开夜车”，他要背诵古文（或许是范仲淹的《岳阳楼记》）了，结果碰巧有个贼到家里偷东西。小偷原本打算等曾国藩把《岳阳楼记》背完后下手，没想到他磕磕巴巴地背了一夜也没背下来。小偷困得不行，趴在房梁上睡了好几觉，最后天要亮了，他气不打一处来，心一横牙一咬，“噌”地从房梁上跳下来，劈手抢过曾国藩的书，指着他一顿臭骂：“瞧你笨成这样子，你还读书？这篇文章有那么难吗？我一个文盲，听了一个晚上，我都能背下来了，你看我背给你听，‘庆历四年春，滕子京谪守巴陵郡。越明年，政通人和，百废俱兴，乃重修岳阳楼……’”可见，少时曾国藩的智力、背功，恐怕还要弱于常人。

曾国藩小时候跟普通人一样，睚眦必报、斤斤计较。与人发生争执，被

---

①“勤能补拙”：曾国藩都在奉行的良训[EB/OL]. http://ru.qq.com/a/20170426/ 019227. htm? qqcom_pgv_from=aio

别人的父亲训斥了，于是悄悄把人家的金鱼缸底弄破；老师一时说气话“你若有出息，我为你背伞”，曾国藩 27 岁高中进士后谢师，还真让老师为其背伞。参加工作不久，好朋友直指其三大缺点：一是怠慢、不敬、交朋友不能长久；二是自以为是、固执己见；最后是虚伪，示人几副面孔。

但作为私塾教师的长子，曾国藩特别爱读书且勤奋，勤能补拙嘛。他靠读书和“无一日不读书”的坚持，终成一代大儒。曾国藩每日读一卷《资治通鉴》，他对后人说：“如能把这些史书都圈点一遍，就是没有辜负我。每天圈点十页，若有间断，就是不孝。‘读史使人明智’，读史书使人增长间接的阅历和经验，在短时间内饱尝历史的沧桑，提高认知，提高分析问题和处理问题的能力。‘前事不忘后事之师’，前人也给我们留下了很多经验和教训，所以历史能够让我们明智，但前提是不要间断，才会形成一定的思维习惯。”①

视频：曾国藩家书

咸丰十一年（1861 年）底，曾国藩得到一架洋人造的望远镜。他发现能看到很远之外物体的望远镜，其实就是用几块打磨而成的镜片组合而成的。他想到洋人造的轮船枪炮，也无非是将铜铁、树木琢磨成器而已。于是，他明白了一个大道理。曾国藩将这番感悟写在当天的日记中：“因思天下凡物加倍磨治，皆能变换本质，别生精彩，何况人之于学？但能日新又新，百倍其功，何患不变化气质，超凡入圣？”即便后来对各种学问“略有了解”，曾国藩仍然自耻于“天文、算学一无所知，连恒星五纬都不认识”。

2. 广泛摄取，读书不二

曾国藩六岁进入私塾，八岁熟读四书五经，十四岁能读《周礼》、《史记》。经史子集当中，曾国藩最爱读《易经》、《庄子》、《韩昌黎集》和《史记》，但他“一书未点完，断不看他书，东翻西阅，徒务外为人。”

对于儿子曾纪泽禀气太清的毛病，曾国藩一方面指出：“清则易柔，惟志趣高坚，则可变柔为刚；清者易刻，惟襟怀淡远，则可化刻为厚。”从而一再要求儿子读李、杜、韩、白、苏、黄、陆、元八大家的诗，这些人的诗可“开拓心胸，扩充气魄”。又关照儿子要读陶渊明的五古、杜甫的五律、陆游的七绝，因为这些诗可使襟怀淡远。他甚至说“人生具此高淡胸襟，虽南面王不

① 曾国藩修身十二则[EB/OL]. http://rufodao.qq.com/a/20170508/012964.htm？qqcom_pgv_from=aio

以易其乐也”。意思是说，人生若具备这种高远淡泊的胸襟，就可以很快乐。这种快乐，即使是当皇帝也不可取代的。

3. 耐烦和有恒

“一句不通，不看下句；今日不通，明日再读；今年不精，明年再读”、“世事多因忙里错，好人半自苦中来”。曾国藩认为，读书就应该像愚公，强调一个“耐”字，不求快不贪多，不弄明白绝不罢休。物以类聚，人以群分，他的幕僚王闿运，读书也做到了“昕所习者，不成诵不食；夕所诵者，不得解不寝”。

“行之有恒，实为人生第一大事。”曾国藩每日早起读书，从不间断。就连行军打仗时也毫不例外，“每日必读书数页，填日记数条，习字一篇……”他说：“不日进，就日退。”丁忧在家、失去军权、极度郁闷的时候，他关起门来读老庄。读了近两年的老庄，曾国藩终于看清自身致命弱点：“太自傲，太急切，一味蛮干，过于方刚。”行事过于方刚者，表面上是强者，实际却是弱者。懂得柔弱退让的人，才是真正的强者。唯天下之至柔，能胜天下之至坚。从此以后，曾国藩“外圆内方，外浊内清，知世故而不世故，事业蒸蒸日上”。[①]

4. 教之家人

“纪泽儿记性极平常，不必力求背诵，但宜常看生书，讲解数遍，自然有益。八股文、试帖诗，皆非今日之急务，尽可不看不作。纪鸿儿亦不必读八股文，徒费时日，实无益也。修身齐家之道，无过陈文恭公《五种遗规》一书，诸弟与儿侄辈皆宜常常阅看。”“纪泽看《汉书》，须以勤敏行之。每日至少亦须看二十页，不必惑于在精不在多之说，今日半页，明日数页，又明日耽搁间断，或数年而不能毕一部。如煮饭然，歇火则冷，小火则不熟，须用大柴大火，乃易成也。”

“万般皆下品，唯有读书高”，曾国藩认为，读书不是为了考试。大儿子曾纪泽考试失利想放弃科举，改学西学如社会学、语言学，想走外交之路。曾国藩与之沟通之后强力支持，请来两个传教士当家庭老师教两个儿子西学。曾纪泽后来成为外交界的领军人物。若无他，今日新疆伊犁不归中国，是曾

① 立业不读曾国藩，阅尽诗书也枉然[EB/OL]. http://blog.sina.com.cn/s/blog_4997515b0102wo0k. html#cre=sinapc&mod=g&loc=22&r=0&doct=0&rfunc=11& tj=none&s=0

纪泽"虎口拔牙"，几乎凭一己之力，硬是从沙俄嘴里谈回伊犁（清政府本已将伊犁割让给沙俄）。二儿子曾纪鸿也不想参加"高考"，想学数学和物理学，两兄弟想学"旁门左道"，急坏了在家教育子侄的曾国潢。曾国藩又强力支持！后来曾纪鸿写出中国历史上第一部电学专著，著有《对数评解》、《圆率考真图解》和《粟布演草》等数学专著传世。

四、和睦邻家

曾国藩的祖父星冈公很重视和睦乡邻，他常说"人待人无价宝"。这六个字说的是，人与人之间友好相处的这种情谊，是无比珍贵的宝贝。幕僚李申夫之母有两句话："有钱有酒款远亲，火烧盗抢喊四邻。"意思是说富贵人家，平日忽视邻里，只看重远方来的亲戚，但遇到火灾抢劫这些突发事件，能赶来帮忙的只有四邻八舍。曾国藩称赞这位四川老太太有见识，他常援引这两句话来警戒在家的子弟们，"远亲不如近邻，近邻不如对门"。

曾国藩著名的"八字"家训，"早、扫、考、宝、书、蔬、鱼、猪"，最不好理解的可能是第三字"考"和第四字"宝"。前者是指诚心祭祀先祖（包括"妣"），后者是指善待邻里。曾国藩多次在家信中交代父母和大弟国潢，所寄钱物，除了帮助亲戚族人，还要帮助贫困邻居。用今天的话讲，毕竟他们"都是一个地方的人，都是喝一口井水长大的人，都是抬头不见低头见的人"。

曾国藩的"睦邻"家风，也体现在其他地方。曾国藩就读岳麓书院时，一富家子弟欺负他：开始是曾国藩的桌椅在窗户边挡了他的阳光，要他让出位置，曾国藩让了；再是晚上同学们在宿舍读书，唯独批评曾国藩读书声音太大影响其睡觉了，曾国藩就改为默读；最后是曾国藩中举后，硬说是曾国藩让了桌椅位置后抢了风水致其名落孙山，有同学替他打抱不平，但曾国藩还是睦邻和忍让了。

俗话说"忍一时风平浪静，退一步海阔天高"，有人说"比海洋更宽阔的是天空，比天空更宽阔的是心灵"，曾国藩则名言"千万忍耐，忍耐千万"。太平天国起义后，八旗子弟不堪一击，曾国藩响应国家号召回湘办团练。因为性格直，湖南官场都讨厌他，不支持他这个团练大臣，还搞哗变。弟弟曾国荃准备给皇帝打报告，状词都写好了，曾国藩撕了状词，"打掉牙和血吞"。没有实力莫做声，于是退守衡阳练湘军。当睦邻和忍让变成韧劲的时候，曾国藩"在那个绝望的时代点亮了一盏烛火，更多的人汇聚到他身边，火越来越光亮”，“我现在军中声名极好，所过之处，百姓爆竹焚香跪迎，送钱米猪羊来犒军者，络绎不绝”。

五、其他方面

作为湘军的创建者和统帅、两江总督兼兵部尚书和钦差大臣，曾国藩鼎盛时期权倾朝野（紧张得皇帝说“走了一个洪秀全，来了一个曾国藩”），自然在识人和用人方面有一套。对此，在给诸位弟弟的家信中，他也不时加以引导和规劝。

1. 识人

曾国藩认为识人非常重要，因为“一生之成败，皆关乎朋友之贤否，不可不慎也”，并形成了一套属于自己的识人体系：“邪正看眼鼻，真假看嘴唇；功名看气概，富贵看精神；主意看指爪，风波看脚筋；若要看条理，全在语言中。”对民族英雄、祖国宝岛台湾第一任巡抚刘铭传，曾国藩识人就相当准。

相传李鸿章筹办淮军时，带了“西乡三杰（其中包括刘铭传）”去见老师曾国藩，希望老师能帮他鉴别一下人才。曾氏并没有立即与他们三人见面，而是以处理公务为由让其在门外等候，自己坐在花园的小山后，品着茶静静地观望三人。其他人耐心地等着，刘铭传不耐烦了，起身走来走去，气得大叫：“见就见，不见就不见，摆什么谱啊！”曾国藩出来请大家吃小汤圆，吃完了问他们每个人吃了多少个，只有刘铭传一个人答对。刘铭传一表人才，站在那儿不卑不亢；第二个人始终不看抬头看曾国藩；第三个人等曾国藩一转身就左顾右盼。曾国藩于是告诉李鸿章，第三个人当面一套背后一套不可重用，第二个人可以当运粮官，刘铭传将来不可以常理度之，能够出奇制胜、独当一面，可为帅才。大家知道，1885 年中法之战，刘铭传指挥的台湾战场大获全胜！

曾国藩预测郭嵩焘“不胜繁巨，只可出谋划策，不可为封疆大吏”，郭氏后来做广大巡抚一年多就被撤职。江忠源不拘小节，“任侠自喜，不事绳检”。曾国藩和他作了几次闲谈，认为他颇有才干，“是人必立功名于天下，然当以节义死”。塔齐布是绿营游击，第一次见面时，他穿着草鞋，并且每次训练士卒必自执旗指挥，虽暴风骤雨亦如平时，曾氏认为他出类拔萃，大加任用。湘军名将鲍超、杨载福均出身行伍，彭玉麟是一个穷秀才，曾国藩在他们穷途潦倒时，预判他们都是将才，于是加以提拔、选任。第一次见到容闳，就委以重任，给他重金去美国购买机器。容闳赶上美国南北战争，耽误了行程，被曾国藩的手下误认为卷了银两跑人。容闳后来为曾国藩抛头颅洒热血，终成“中国留学生之父”。

当然，曾国藩识人也有看走眼的时候。一书生老乡投奔他，气宇轩昂、文韬武略、貌似什么都懂，曾国藩于是重用他。不曾想一个月不到，那个老乡携款逃跑了。对自己的准女婿，看上去聪明伶俐、一表人才，谁知是个纨绔子弟；给另一个女儿挑女婿，仅凭其父长相做决定。曾国藩两个儿子是将门虎子，但几个女儿的婚姻多不幸福。

2. 用人

“驭将之道，最贵推诚，不贵权术。”李鸿章是曾国藩的得意门生，20 多岁第一次投入曾国藩门下，因年轻气盛不辞而别，随安徽老乡吕贤基回乡办团练。之后屡遭挫折，见曾国藩湘军风生水起再投老师门下。祁门之围，曾国藩似乎必死无疑，作为“接班人”的李鸿章最该表忠心之时，却找茬儿与老师吵架，气得曾国藩火起“大路朝天，各走一边，不愿在这儿呆，你走好了。”李鸿章于是一走了之。曾国藩逃出生天后一个月，李鸿章问老师是否还可以回来，曾国藩应允，李鸿章得以第三次拜入曾国藩门下。之后，因上海告急且最富庶，很多人都想去上海，不料想曾国藩问：“少荃（鸿章），还想去上海？”李鸿章“扑通”一声跪下，终于学成老师伟业可以出幕了。李鸿章此时只有一千五百名土匪兵，曾国藩于是把自己的亲兵营六千多人当嫁妆送给了他，扶上马，送一程。

一个人，德才兼备很难，完人不可用。盛世重德、乱世“唯才是举”，缺点不影响事业又无致命硬伤可忽略。识人讲术，用人贵在诚。再说李鸿章不像王鑫、李元度叛出师门，只是“忽悠”了老师曾国藩而已。

六、家风之硕果累累

曾国藩的四个弟弟，除了大弟国潢“守灶”大部分时间留家孝顺长辈和教育子侄外，另外三个弟弟后来走上前线带兵打仗，成为曾国藩事业的得力助手。二弟国华和四弟国葆在与太平军作战时先后战死。打下南京的三弟（一般称“九弟”、“九帅”）曾国荃，作为湘军主力战将，贡献最大，终成封疆大吏。

两个儿子，都是在曾国藩和大弟曾国潢的教育下成长的。大儿子曾纪泽是近代著名的爱国外交家，法国驻俄公使眼中“接触到的所有外交官中最优秀的一个”。从沙俄虎口中夺回已经划出的新疆伊犁等土地，是近代中国在谈判桌上为国家争得利益的唯一外交官员，成为当时举世外交的一个奇迹，“不愧为曾文正公之子!”小儿子曾纪鸿是数学家，致力于圆周率的研究，曾把圆周率推算到小数点后的一百位，有多部数学专著传世。

曾家后代人才辈出。曾国藩孙辈中有著名诗人曾广钧、外交家曾广铨；第四代孙中有著名教育家曾宝荪、曾约农，第四代外孙中有台湾政府机构要员俞大维、著名学者俞大絪；曾国藩弟弟的后人中有第四代的著名化学家曾昭抡、著名考古学家曾昭燏；第五代孙中有著名革命家曾宪植（开国元帅叶剑英之妻）、著名画家曾厚熙；曾家数代也出现多位贤妻良母……可以说，曾家数代无一废人、未出一个纨绔子弟，这与曾国藩与他的《曾国藩家书》是分不开的。

第四章　励志：中国历史名人之旅

本章主要讲述庄子、李白、苏轼和齐白石四位历史名人的励志事迹。庄子无为思想、李白灿烂盛唐里酒诗天下、苏轼颠沛流离中“无可救药之乐观主义”、齐白石“衰年变法”从木匠成为画坛巨匠等，是大学生们应该细细品味的。

第一节　庄　子*

视频：庄子简介

庄子（约公元前369—约公元前286年），名周，字子休，战国宋（今河南省商丘市民权县）人，著名思想家、哲学家和文学家，道家学派代表人物，“神人”、“南华真人”，所著《庄子》（又名《南华经》），与《易经》《老子》并称中国古代“三玄”。

一、无志于仕途

（一）拒绝楚国相位

庄子一生做的最大的官，是在宋国做了一段时间的漆园小吏。最穷困的时候，庄子住在狭窄的巷子里，靠编草鞋度日，饿得面黄肌瘦。其实，他不是没有才能，鲁迅先生评价庄子“其文汪洋辟阖，仪态万方，晚周诸子之作，莫能先也”。庄子也不是没有当官和求名的机会。庄子涡水垂钓，楚威王委派二使臣劝他：“久闻贤名，欲以国事相累。深望先生上为君王分忧，下为黎民

* 本节内容参考了2014年9月29日、2015年9月7日央视4台《文明之旅》栏目于丹、赵世民教授主讲的“庄子的智慧”和“逍遥的庄子”。

谋福。”庄子持竿不顾，淡然道：“我听说楚国有只神龟，被杀死时已三千岁了。楚王珍藏之以竹箱，覆之以锦缎，供奉在庙堂之上。请问此龟是宁愿死后留骨而贵，还是宁愿生时在泥水中潜行曳尾呢？”庄子的意思是说，是愿意像那只三千年的老乌龟被人剖了肚子、肠子，尊贵地供奉在神龛上，还是愿意当活着的乌龟摇着尾巴在泥巴堆里玩儿呢？庄子追求的是精神丰富和满足，而不是功名利禄，他认为精神上能够达到逍遥游，才是最有价值的。他其实是学习了上古时期许由的做法，自己又被孙思邈、李白和苏轼等人作为学习的榜样。

尧想把天下让给许由。许由说：“您治理天下，天下已经安定了，而我还来代替您，我是为名声吗？名声是事实的宾位，我是为着求宾位吗？”小鸟在深茂的林中筑巢，所需不过一根树枝；偃鼠到大河饮水，所需不过满腹。您请回吧！我要天下干什么呢？厨子虽然不下灶，主祭者也不越位去代他来烹调。”①

“药王”孙思邈从南北朝活到了唐朝，据说活了 141 岁（公元 541—682 年），最终寿终正寝。孙思邈成名很早，唐太宗李世民想让他留在宫里，让他当太医。医道不分家，孙思邈把《老子》《庄子》学得太好了。他没有像华佗欺骗、拒绝曹操（落得被曹操所杀），而是委婉地说：“皇上您不是想长寿吗？我得配药啊，在宫里我配不了，我必须在太白山按季节去采药，这样的药才有药效，才能事半功倍。”李世民觉得也有道理于是放了他回去。

“诗仙”李白仕途不顺，读《庄子》后《吟庄子》：“万古高风一子休（子休是庄子的“字”），南华妙道几时修。谁能造入公墙里，如上江边望月楼。”北宋大文豪苏轼一生仕途坎坷，“乌台诗案”差点丢命，在不断地被贬官外地、苦闷谪居途中，苏轼重读《庄子》，豁然感悟，感叹道：“吾昔有见于中，口未能言。今见《庄子》，得吾心矣！”原来人生除了要积极进取，还要学会以退为进。所以苏轼才会在诗中写道：“菊花开时乃重阳，凉天佳月即中秋。”看到菊花就等于过了重阳节，能有明月相伴就是中秋节，人不必拘泥于外在。可以说，庄子关于生死、忘祸福、顺自然的思想，对后世之人，起到了重要影响。

视频：苏轼简介

（二）被朋友惠施误解

庄子去梁国看望做国相的好朋友惠施。惠施以为他要来抢夺他的相位，

① 彬彬. 孟子·庄子·老子[M]. 呼伦贝尔：内蒙古文化出版社，2007.

还没见面就派人抓他。庄子于是给惠施讲了一个故事。有一只神鸟叫鹓鶵，特别高洁和华美。它要从南海飞到北海，在整个飞越过程中，不是梧桐树根本就不停，不是竹子的果实根本就不吃，不是洁净清泉的水根本就不饮。在途中，一只猫头鹰刚逮住一只耗子，正要下口时看见鹓鶵飞过来了，猫头鹰就想：这大鸟是来抢我死耗子吃吧？赶紧摁住死耗子，抬头对鹓鶵大吼，给我赶紧走开！讲完故事，庄子对惠施说："你难道要捂住梁国的相位，赶走你的朋友吗？"

二、大美明法成理

如果说儒家孔子知生不知死、事人不事鬼，专注于社会人生的话，那么，道家庄子的人生坐标则在宇宙万物。

（一）天地有大美而不言

天地是硕大无朋的大熔炉，而造化则是技艺高超的大匠人，万物的生息繁衍、生死荣枯都是这个熔炉和大匠人作用的结果。

"星垂平野阔，月涌大江流"、"大漠孤烟直，长河落日圆"是天地间最原始的古朴与苍凉。"水光潋滟晴方好，山色空濛雨亦奇"，西子湖畔，无黄河天上来的气势，无猛浪若奔的汹涌，却是绿柳红花，泛舟赏景的一片天地。"古人抚琴动操，欲令众山皆响"、"为我一挥手，如听万壑松"，抚琴山响、松风和鸣之天籁，你听得到吗？

（二）四时有明法而不议

"顺四时而生，逆四时而亡"，春生、夏长、秋收、冬藏，春温、夏热、秋凉、冬寒，春夏养阳、秋冬养阴，夏天晚睡早起、冬天早睡晚起……别跟四时拧巴较劲，天地怎么长，人的养生也跟着它走。庄子认为，节饮食以养胃，多读书以养胆。日出而作，日入而息，逍遥于天地之间，而心意自得。人生天地之间，若白驹过隙，忽然而已。

（三）万物有成理而不说

万事万物都有已成的道理，人要是不悟到这个，就会老是把责任归咎于别人。其实，人得什么病，除了基因遗传，都是生活方式病。人受寒受热、脂肪肝、高血压，谁爱吃肉，谁不爱运动，谁是贪凉的，谁是劳损肌肉的，得什么病你自个儿不清楚吗？你为什么得这个病？“万物有成理而不说”，一旦量变导致质变，你就被病痛困扰了。每个人的疾病与健康、失败与成功、痛苦与幸福，都是自己历史的总和。六十岁生的病，不是六十岁那一年得的，是由二三十岁时就大鱼大肉、天天夜宵、通宵打牌等造成的，是由四十岁以后还以为自己很年轻而不注意生活习惯造成的。

三、心斋修为

个人如何才能正确认识自己，个人应该怎样修为？庄子提出“心斋”的修为方式。“水静犹明，而况精神！圣人之心静乎！天地之鉴也，万物之镜也。”庄子认为水能照见万物，并且它唯一照见万物的时候，是水安静的时候，认为谁心静，谁就能成为“圣人”。

（一）老子修为

士成绮特别崇拜老子，大老远地去拜访他。士成绮走了一百多天，脚磨出了厚厚的腿子，结果到老子家一看，惨不忍睹！他对老子说：“你看你搞得什么名堂！家有老鼠窝里头，老鼠窝里有剩饭，家里东西摆得乱七八糟，你哪像个圣人！这分明是牛啊马啊住的地方！”他把老子臭骂一顿，走了。老子一点儿也不怒，什么也没说，很淡然地、面带慈祥微笑送他走了。第二天士成绮觉得自己错了，回来向老子检讨，请求圣人的原谅。老子说：“昨天你骂我是牛是马，我怎么办呢？我得承认啊。为什么承认呢？如果我真是牛马，我不承认，对不起你。你骂我是狗是猪，没事儿。为什么呢？因为你说我是牛，我就是牛了吗？你说我是马，我就是马了吗？我还是我。”

（二）孔子心修

孔子和学生周游列国，走到一个叫匡的地方。有一天莫名其妙地被一帮宋国人包围。也不知道为什么，孔子在里面悠然弹琴，头都不抬，根本不当回事儿。弟子子路推门进去，指着孔子“何夫子之欲也”，外面都那么多人围着了，都要出人命了，先生怎还有心思在这儿娱乐着呢？ 孔子说：“子路，你看，人生面对种种境遇的时候，要有不同的勇敢，就是临大难而不惧、处变不惊，这才是圣人和君子的勇敢。你稍安勿躁，好好待着，别往外冲，我命运怎样自己知道。”他俩就在里头等着。一会儿，外面有人进来了，说：“对不起，刚才围错人了，我们的仇人是阳虎，刚弄清楚，也是从鲁国来的，我们这就撤兵。”

（三）借粮监河侯

庄子编着草鞋度日，有一天饿得不行了，决定找监河侯借粮食，监河侯说等把税收收上来后借他三百金。庄子于是给监河侯讲了一个故事：“我在来的半路上，看见一个车辙印，里面有一条鱼在求救。这鱼说自己是东海的一个波臣，现在遇到困难了，没水。我呢，用一斗或一升水就能救它。我让鱼别急，等我到了西江，把西江水引过来，就可以了。鱼告诉我，等到那时候，它早就被人煮了或送到早市鱼摊子上，死了。”

（四）刨花堆里找手表

木匠师傅带着一帮徒弟在赶工，天将黑，师傅满头大汗，抬手一擦汗，手腕上的表飞出去了。木工房里已经堆了半人高的刨花，大家怎么也找不着。因为天黑，肚子饿了，于是大人们决定先吃饭然后继续找。大人们出去后，木匠的儿子一个人待在木工房里，他一下就找到了表。因为天黑人静，他从滴滴答答的手表指针的走动声中，循着声音找到了手表。所以，宁静是一种生产力。庄子教人“唯道集虚”，教人虚静、坐忘、心斋等，就是告诉人要有一种能力，从喧嚣中看见自我，随时有一种清静之心，听得见万籁之声，听得见世间的密码。

四、鼓盆而歌

（一）庄妻过世

庄子的妻子过世了，好朋友惠施来吊唁，见他坐在妻子的尸体旁边，敲着铜盆，嘴里还唱着歌。惠施很生气，说怎么可以这样对待自己的妻子呢？庄子回答他：“她刚走的时候，我心里也难受。但转念一想，人生来就是要死的，死亡是生命的开始，人活就是一口气聚在一起，人死就是一口气散了，太太没来人间时，原本就存在这个世界上，她来到这个世界跟我过了一辈子，现在我送她走，她又回去了，我就欢送她一程，这又有什么不可以的呢？”又说：“生死不就是一个聚散吗？我有什么可悲伤的呢？她不过是回到了她该回到的那个地方。”

（二）庄子遗言

庄子将要死的时候，给弟子们留下遗言，死后请弟子把自己的尸体扔山坡上，让鸟兽吃。弟子疑惑，怎么可以这样呢，不说举行隆重的葬礼，最起码也应该“买一副棺材，入土为安”吧。庄子说：“吾以天地为棺椁，以日月为连璧，以星辰为珠玑，以万物为送賫。吾葬具岂不备邪？”庄子认为这样“葬”法最豪迈，让他在地下被蚂蚁、蝼蚁、地老虎吃，与扔在山坡上被老鹰吃没有区别。庄子还说，“未尝死，未尝生也”，没有尝过死的滋味，就等于没生过，死才是生的开始。

（三）哈姆雷特王子、庄子与骷髅的对话

哈姆雷特王子有一次看见一掘墓人挖出一枚人头骨，于是大发感慨：这是谁的骷髅啊？这里面本来应该有条舌头、可以唱歌的吧？这骷髅可能是某个政客的，生前擅长偷天换日；或许是位大臣的，生前只会向国王献媚；没准是位律师的，生前玩弄刀笔、能言善辩、还买下不少地产——如今却只能睡在这么个狭小的土坑里，头骨任人扔到地上，拿锄头敲、用脚踢……

哈姆雷特的塑造者莎翁是否晓得，约 2000 年之前的庄子早已与骷髅对过话？有一年庄子去楚国，路旁有个骷髅，略具人形。他拿马鞭敲了敲，问道：“老先生是因贪色纵欲、违背养生之道而成这副德性呢，还是遇上亡国大难，遭刀斧砍杀变成这样？抑或干了啥坏事，怕给爹娘妻儿丢脸、羞愧自尽变成这样，或是遭受饥寒灾祸而变成这副模样？也可能是尽享天年、高寿而终吧。”庄子说罢，拿过骷髅当枕头，枕在上面酣然睡去。

到了半夜，骷髅托梦给庄子说：“听你聊天，像是个能言善辩的人。可你说的那些人生遭遇，都是活人的负担；人一死就解脱了。你想知道人死后的情形吗？”庄子说：“当然想知道。”骷髅说：“人死后，上没有君王统治，下没有官吏管束；没有四季的劳苦，从容自在，与天地同寿！即便君王的快乐，也不能超过这个哩！”

庄子不以为然，说：“假如我让掌管生命的神恢复你的形体，为你重新长出骨肉肌肤，送你回到爹娘妻儿、乡亲朋友中间，你愿意吗？”不料骷髅紧皱眉头说：“我怎能舍弃做君王的快乐、重回人间去受苦！”

人对生死的感慨，大概面对骷髅时最为强烈。这一点，无论古今中外之人，都是一致的。当莎士比亚为《哈姆雷特》设计台词时，他大概不知道，

这些话在约两千年前，一位睿智的东方哲人就已经说过了！

第二节　李　白*

视频：李白简介

李白（公元 701—762 年），字太白，号青莲居士，四川江油人，唐代伟大的浪漫主义大诗人。因其诗作豪放俊逸，气势磅礴，被后人尊称为“诗仙”。他“五岁颂六甲，十岁观百家”，他“少任侠，手刃数人”，他“不逾一年，散金三十万，有落魄公子，悉皆济之”，他“仰天大笑出门去，我辈岂是蓬蒿人”，他“一朝去京国，十载客梁园”，他“归来无产业，生事如飘蓬”，他“才力犹可倚，不惭世上英”，他“一叫一回肠一断，三春三月忆三巴”，他“酒入豪肠，七分酿成了月光，剩下的三分啸成了剑气，绣口一吐就是半个盛唐”……

一、酒诗之旅

盛世大唐，经济发达，文化繁荣，以“李杜文章在，光焰万丈长”为代表的李白、杜甫等诗人辈出。有人说，唐诗及其作者都是在酒香中酿成的。大唐一代，岂止李白嗜酒，就连最为老成持重、沉郁顿挫的杜甫也情不自禁地高吟：“白日放歌须纵酒，青春作伴好还乡。”忧国忧民的杜甫在纵酒中找回片刻的青春，可李白就不一样了，诗、酒、青春三位一体，相互促生了李白。李白青春的光彩由酒激发，由诗张扬，诗因青春的魅力和醇郁的酒香而获得了恒久的活力，酒因注满了青春和诗意而获得了生命的品格。在李白那里，这三者都把自己的文化意蕴发挥到了有史以来的最高点。

先看一下李白的酒诗：“烹羊宰牛且为乐，会须一饮三百杯（《将进酒》）”，“百年三万六千日，一日须倾三百杯（《襄阳歌》）”，“三百六十日，日日醉如泥（《赠内》）”，“两人对酌山花开，一杯一杯复一杯（《山中与幽人对酌》）”，“李白一斗诗百篇，长安市上酒家眠（杜甫《饮中八仙歌》）”。

* 本节内容参考了 2014 年 10 月 13 日央视 4 台《文明之旅》栏目康震教授主讲的“明明白白话李白”。

斗，在古代有两种不同的含义，一指粮斗，二指酒杯、小杯。李白的“斗酒”之“斗”，是小酒杯。“鸿门宴”刘邦席间溜走后，张良献白璧一双给项羽，献玉斗一双给范增。所以张良带的也应该是一对“玉斗”小酒杯。今人酒席间杯觥交错，若是李白“斗酒”，大家估计都能“一杯一杯复一杯”。他在称赞别人时：“忆昔洛阳董糟丘，为余天津桥南造酒楼。黄金白璧买歌笑，一醉累月轻王侯。”在权贵面前，李白则“钟鼓馔玉不足贵，但愿长醉不愿醒。古来圣贤皆寂寞，惟有饮者留其名”，杜甫在《饮中八仙歌里》给李白的画像：“李白一斗诗百篇，长安市上酒家眠，天子呼来不上船，自称臣是酒中仙。”择友孟浩然时，李白则“醉月频中圣，迷花不事君。”

二、月诗之旅

除了酒，李白一生与月亮息息相关。无论是家乡月、长安月、山东月还是洞庭月，抑或是开心月、孤独月、彷徨月，都是他诗歌的“下酒菜”。

（一）《峨眉山月歌》

唐开元十三年（公元 725 年），李白二十四岁，第一次离开四川，开始了长期的漫游生活，李白盛赞峨眉山之美，“蜀国多仙山，峨眉邈难匹”。对峨眉山的月亮，他也无比动情，“峨眉山月半轮秋，影入平羌江水流。夜发清溪向三峡，思君不见下渝州。”尽显李白对峨眉山月的宁静之美和依依惜别之情。

（二）《静夜思》

李白离开四川开始一生的漫游后，再也没有回过生活过二十年的故乡。仕途不顺，归隐不甘，一段时间穷困潦倒，甚至疾病交加。某个晚上，李白无限思念家乡的时候，明月当窗，于是写下千古佳诗：“床前明月光，疑是地上霜。举头望明月，低头思故乡。”此诗看似单纯、平淡，实则内涵丰富、充满想象与感情。

（三）《关山月》

李白无限信任月老，思乡的时候，让月亮寄情；战争带来的苦难，倾诉给月亮听。战争意味着生离死别，意味着苦难缠身，意味着李白该思考，是不是要逃难庐山？于是李白借《关山月》乐府旧题，写离人思归之情，控诉战争造成的牺牲和痛苦，表达人们对和平与安宁的渴望：“明月出天山，苍茫云海间。长风几万里，吹度玉门关。汉下白登道，胡窥青海湾。由来征战地，不见有人还。戍客望边色，思归多苦颜。高楼当此夜，叹息未应闲。”

（四）《月下独酌》

李白自称是“酒中仙”，快乐时以酒助兴，锦上添花；忧愁时酒为知己、知心爱人，于是“杜康解忧”。月亮与美酒一样，都是他精神世界的主宰，于是乎“左拥右抱”，恣肆文章：“花间一壶酒，独酌无相亲。举杯邀明月，对影成三人。月既不解饮，影徒随我身。暂伴月将影，行乐须及春。我歌月徘徊，我舞影零乱。醒时同交欢，醉后各分散。永结无情游，相期邈云汉。”此诗写于李白二进长安、以为“天生我材必有用”之时，终于发现自己不过是皇帝的御用诗人，让自己替皇上写写花花草草、歌颂皇帝的诗而已。得不到重用、在受到朝中之人排挤和馋毁的某个时刻，倍感孤独、彷徨与苦闷，于是借酒托月来浇愁。

（五）《闻王昌龄左迁龙标有此寄》

“杨花落尽子规啼，闻道龙标过五溪。我寄愁心与明月，随君直到夜郎西。”李白的好友、盛唐著名诗人王昌龄被贬官龙标（今湖南省黔阳县）县尉，李白听说后，写了这首诗遥寄给他，以表达深切同情。那个时候，没有快递几日可至，更没有智能手机发信息几秒可达。但是，今日头顶月，曾照李太白。所以，李白可以委托他的好朋友、任他差遣的“信使”、“月老”之月亮，来帮他做他想做的事情。我不是要把我的心寄给好友王昌龄吗？月亮就能替我完成！

（六）《游洞庭湖》

“南湖秋水夜无烟，耐可乘流直上天。且就洞庭赊月色，将船买酒白云边。”公元 759 年，李白的族叔被贬岭南，途经湖南岳阳，年老的李白穷得没钱打酒了，于是找月亮赊帐，捧出月光换酒喝。对李白而言，“清风朗月不用一钱买”（《襄阳歌》），再说他这也不是第一次找月亮“赊”酒喝了，之前也“暂就东山赊月色，酣歌一夜送泉明”（见《送韩侍御之广德》，此处泉明本为“渊明”，为避唐高祖李渊的讳，改渊明为“泉明”）。

三、道诗之旅

相传李白的母亲“梦见太白金星落入怀中”而生李白，取名“白”，字“太白”。在长安做了一年多御用文人之后，秉性刚直的李白不久归隐山林，在安陵受道箓当了道士，“问余何意栖碧山，笑而不答心自闲。桃花流水窅然去，别有天地非人间”。道士司马承祯称李白“仙风道骨，可与神游八极之表”，文坛大师贺知章惊呼李白“子谪仙人也”，同为“双子星座”的好朋友杜甫吟诗说李白“自是君身有仙骨，世人那得知其故”。[①]

（一）《将进酒》

“岑夫子，丹丘生，将进酒，杯莫停。”唐开元二十二年（公元 734 年），李白愁游襄阳，拜访当朝举贤名臣韩朝宗，说自己“虽长不满七尺，而心雄万丈”、“日试万言，倚马可待”，希望能谋个一官半职，以实现自己“申管晏之谈，谋帝王之术，奋其智能，愿为辅弼”的理想。但理想是丰满的，现实是骨感的（尽管李白一生不信，乐观豁达），李白无果而还。第二年（735 年），李白返回河南，与道友元丹丘等人在嵩山南麓置酒相会，写下《将进酒》：“君不见黄河之水天上来，奔流到海不复回。君不见高堂明镜悲白发，朝如青丝暮如雪。人生得意须尽欢，莫使金樽空对月。天生我材必有用，千金散尽还复来。烹羊宰牛且为乐，会须一饮三百杯。岑夫子，丹丘生，将进酒，杯莫停。……五花马，千金裘，呼儿将出换美酒，与尔同销万古愁。”丹丘生与持盈法师（玉真公主、唐玄宗亲妹妹）是师兄妹关系。李白因之得以入宫成为“李翰林”。

古代文人借酒浇愁司空见惯，但像李白表现得如此旷达与豪放，非常少见。“诗仙”李白一方面不再年轻，壮志未酬，有些自卑自叹，游走于出仕与归隐之间；一方面又觉得来日方长，不可灰心丧志，仍要顺势而为。内心纠缠之间，743 年，李白离开长安，在山东济南拜师修道，修行七七四十九天，拿到道箓。

（二）《登敬亭山南望怀古赠窦主薄》

“敬亭一回首，目尽天南端。仙者五六人，常闻此游盘。……百岁落半途，前期浩漫漫。强食不成味，清晨起长叹。愿随子明去，炼火烧金丹。”年过半百的李白老先生，自觉仕途不顺，前途渺茫，不可预期。既然强扭的瓜儿不甜，既然朝廷不懂我，那就“此处不留爷，自有留爷处”，那我就跟跟随我的仙人好朋友子明，去炼火烧金丹，“炼丹费火石，采药穷山川”。

---

① 李白是“道士”吗？[EB/OL]. http://rufodao.qq.com/a/20170605/005935.htm

（三）《梦游天姥吟留别》

“海客谈瀛洲，烟涛微茫信难求。……我欲因之梦吴越，一夜飞度镜湖月。湖月照我影，送我至剡溪。……脚著谢公屐，身登青云梯。半壁见海日，空中闻天鸡。……虎鼓瑟兮鸾回车，仙之人兮列如麻。……且放白鹿青崖间，须行即骑访名山。安能摧眉折腰事权贵，使我不得开心颜！”二进长安，踌躇满志的李白先生，仅仅当了一年有余的“李翰林”，便“攀龙忽堕天”。离开长安，他布衣而卿相的美妙梦幻就此破灭。因为时忆朝堂之事、时寄君国之思、时抒愤懑之情，于是写下了最为杰出的《梦游天姥吟留别》。诗人借天姥象征朝廷，借梦游天姥象征在长安的经历（回首蓬莱宫殿，有若梦游天姥）。离开长安，如梦初醒，嗟叹不已，既感慨惋惜，又无可奈何，只好自我排遣：当个道士去吧，白鹿青崖间，遍访名山，仗剑诗酒天下，不也很好么？

四、情诗之旅

“郎骑竹马来，绕床弄青梅”（《长干行》），“相思相见知何日，此时此夜难为情”（《秋风词》），“君不见，黄河之水天上来，奔流到海不复回”（《将进酒》），“抽刀断水水更流，举杯消愁愁更愁”（《宣州谢朓楼饯别校书叔云》）。

（一）妻之情

李白的爱情诗，多模仿民歌而写，写的未必是自己，有时又未必不是写自己，旁人感觉他是在写自己。其爱情诗多为浪漫诗，而非呢喃作语的儿女私情诗。李白的一生，应该有过四次婚姻。

第一任许夫人（公元 727 年—737 年），唐高宗宰相许圉师的孙女。李白 27 岁大龄青年时入赘湖北安陆许家。新婚不久，李白写下第一首《赠内》诗：三百六十日，日日醉如泥。虽为李白妇，何异太常妻。贤惠的许氏像个小母亲包容诗人迥异于常人的思维和生活方式，李白的心中满满的感激和内疚。

因为夫人早逝，李白 737 年离开安陆，很快有了第二次婚姻，在绍兴与一刘姓女子结婚。李白的诗和浪漫不能给她锦衣玉食的荣华，刘氏的讥讽不满写在脸上。“会稽愚妇轻买臣，余亦辞家西入秦。仰天大笑出门去，我辈岂是蓬蒿人。”李白接到长安诏书，给刘氏写下这首《南陵别儿童入京》诀别诗。

在长安当了一年多的御用诗人之后，理想与现实激烈碰撞、火星四溅，李白终于明白自己不过是长安一匆匆过客，别人的权利、富贵皆与他无关。

因为驿站粉壁诗《梁园吟》，宗家大小姐（武则天宰相宗楚客的孙女）芳心大动，不惜千金买下粉壁醉墨诗，并嫁给中年李白为妻，成为李白最后一位夫人。红粉知己相伴，再启李白幸福生活大门，与宗氏举案齐眉琴瑟相酬的和谐美满终结于安史之乱。永王李璘驻军九江，三顾庐山请李白入职。李白一心报国，不顾宗氏挽留。与妻离别之后，思念却如春夏的藤蔓，《秋风词》相思金石可镂："相思相见知何日，此时此夜难为情。入我相思门，知我相思苦，长相思兮长相忆，短相思兮无穷极，早知如此绊人心，何如当初莫相识。"因为老是收不到回信，于是替妻子给自己回信："妾似井底桃，开花向谁笑。君如天上月，不肯一回照。窥镜不自识，别多憔悴深。"李璘兵败被杀，李白身陷囹圄，宗氏费了九牛二虎之力终于保释李白出狱。之后妻子心灰意冷，入观修行。从此李白孑然一身，孤独终老。

（二）友之情

李白一生漫游天下，以文会友、以酒交友，可谓朋友遍天下。"别君去兮何时还，且放白鹿青崖间，须行即骑访名山。安能摧眉折腰事权贵，使我不得开心颜"（《梦游天姥吟留别》），寄居东鲁二十年，李白南下越中，写诗向东鲁朋友告别。"弃我去者，昨日之日不可留。乱我心者，今日之日多烦忧。……抽刀断水水更流，举杯消愁愁更愁。人生在世不称意，明朝散发弄扁舟"（《宣州谢朓楼饯别校书叔云》），送别故人李云（李白称其为族叔）所作。除了孟浩然、王昌龄、高适等人之外，李白与杜甫、汪伦的友情更为天下知。

1. 与杜甫

公元 744 年，四十三岁的李白辞职"翰林待诏"来到洛阳。在洛阳好友们举办的洗尘宴上，李白与小他十一岁的杜甫相识。在杜甫眼里，李白"气宇轩昂，神清气朗"。李白也注意到了神情稳健的年轻人杜甫，心想："这小子不简单啊，九年前就已经写出了'会当凌绝顶，一览众山小'的诗句来！"于是，两双伟大的文学之手握在了一起，两人相见恨晚，深夜畅谈，自此结下深厚情谊。闻一多先生说两位大诗人的相见，如同老子和孔子相见一样伟大、神圣和值得纪念！

当年秋天，李白相约杜甫再聚，路遇高适，于是三人同游梁宋（今河南省开封和商丘一带），尽收美景之余，把酒言欢，吟诗作赋。第二年秋天，杜甫决定一试长安政治仕途，与李白在山东曲阜话别。俗话说"一回生，二回熟”，此时的李杜已经“醉眠秋共被，携手日同行”了。临别时，李白作诗《鲁郡东石门送杜二甫》相赠，“飞蓬各自远，且尽手中杯”。从李白称呼杜甫的乳名“二甫”（杜甫排行老二）来看，两人已经是铁哥们感情了。分别没多久，李白思念起杜甫来，于是作诗《沙丘城下寄杜甫》：“我来竟何事？高卧沙丘城。城边有古树，日夕连秋声。鲁酒不可醉，齐歌空复情。思君若汶水，浩荡寄南征。”可惜之后，两位大诗人再无相见。

杜甫仰慕李白“笔落惊风雨，诗成泣鬼神”，说李白“天子呼来不上船，自言臣是酒中仙”，悼念李白“豪杰何人在？文章扫地无！”李白则思念杜甫“思君若汶水，浩荡寄南征”。由此看来，两位伟大诗人的友谊如四海之宽阔、天地之高远。只是当年，同游东鲁之时，若知此一别再无相见，唯鸿雁传书寄相思，是否会在离别之时，多几首千古传唱的佳作呢？

2. 与汪伦

视频：李白与汪伦

《赠汪伦》：“李白乘舟将欲行，忽闻岸上踏歌声。桃花潭水深千尺，不及汪伦送我情。”作为李白的仰慕者，汪伦希望李白能去他家做客，于是说自己家乡有十里桃花、万家酒店。李白到了一看，原来有个潭水名叫“十里桃花”，一家酒店的老板姓万，所以酒店名叫“万家酒店”。李白并未生气，而是与汪伦一起开怀畅饮，共抒情怀，并作诗《赠汪伦》，留下一段千古佳话。

第三节 苏 轼*

本节的主人公，有着不平凡的人生经历，他曾经平步青云，官居高位，也曾经颠沛流离，九死一生。他是文人的偶像，也是平民的朋友，他更是开创了宋词豪放派的先河，他就是北宋大文豪苏轼。苏轼（公元 1037—1101 年），字子瞻，号“东坡居士”，四川眉州眉山人，宋代文学最高成就的代表，中国

* 页脚处请注明：本节内容参考了 2015 年 6 月 8 日央视 4 台《文明之旅》栏目康震教授主讲的“宋词里品苏东坡”。

史上文学、美学、建筑学、医学、饮食等多领域艺术奇才。林语堂赞其一生是“人生的盛宴”——在中国历史上，还找不到谁的生活能比他更丰富精彩，还找不到谁能比他更善于发掘生活的快乐。有人称其是“中国五千年来最懂生活的人”，让我们一起走进苏轼的世界，感受他的才、情与趣。

一、才之旅

（一）全国科举状元

1057 年，20 岁的苏轼与弟弟苏辙一同参加科举考试，一同参考的还有张载、程颢、程颐、曾巩、曾布、吕惠卿、章惇、王韶等八人。他们后来都对中华文明的传承、发扬与创新产生了深远影响。这一届科举考试，后人称其为“千年科举第一榜”。苏轼所作《刑赏忠厚之至轮》获进士第二名（本该为第一名，当时的文坛领袖欧阳修以为是其弟子曾巩所作，为避嫌定为第二名），弟苏辙第五名。以主考官欧阳修、副主考梅尧臣（宋诗“开山祖师”）等为首的考官对苏轼兄弟文章评价为：“皆天才，长者明敏尤可爱，少者谨重，成就或过之。”欧阳修随后看了苏轼旧日所作后，更是赞叹不已：“读轼书，不觉汗出，快哉快哉，老夫当避路，放他出一头地也。”他觉得自己可以退休了，以便让年轻人苏轼出人头地。

1061 年，朝廷举办了一场制科考试（皇帝为选拔特优人才设立的考试制度），因为第一第二等为虚设，第三等实际就是制科考试的最高等。北宋建国 100 年以来，只有一个人考了个第三次等。考试成绩出来，苏轼为第三等，弟弟苏辙为第四等。宋仁宗看了答卷，感慨而言：“朕为子孙后代选了两位清平宰相！”

（二）文学“全能冠军”

“一花独放不是春，众花开放春满园”，苏轼诗、词、赋、散文均成就极高，且善书法和绘画，是中国文学艺术史上罕见的全才，也是中国数千年历史上被公认文学艺术造诣最杰出的大家之一。其散文与欧阳修并称欧苏；诗与黄庭坚并称苏黄，又与陆游并称苏陆；词与辛弃疾并称苏辛；与韩愈、柳宗元、黄庭坚合称“千古文章四大家”；画则开创湖州画派。擅长行、楷书，与黄庭坚、米芾、蔡襄并称“宋四家”。在农田水利、教育、音乐、医药、数学、金石、美学、烹饪等方面也都取得了重要的成就。

政治家、文学家王安石，才艺不如苏轼。苏轼是书法家，王安石的手下提醒他，签名的“石”像个“反”字，吓出王安石一身冷汗。苏轼是美食家，王安石夫人说他只会读书，不懂三餐与茶：王安石每餐只吃离自己身边最近的一道菜，弄得同僚误以为最靠近王安石的菜肴是他的最爱。难怪王安石如此评价苏东坡：不知更几百年才出此人物！

（三）章元弼休美妻

北宋学者章元弼对苏东坡素极崇拜，他本人长得并无足观，却娶美女为妻。婚后，妻子发现丈夫整夜读苏轼的诗，对自己不理不睬。美妻终于不能忍受，对丈夫说：“既然你爱苏东坡胜过了我，好吧，把我休了。”这本是威胁之话语，且儒家弟子熟知《礼记》“一与之齐，则终身不改”，没想到章元弼还真的把妻子给休了。宋史《苏轼传》：“神宗尤爱其文，宫中读之，膳进忘良，称为天下奇才。”风流才子秦观，满心佩服苏轼，他的名言是：“生不愿封万户侯，但愿一识苏徐州（苏徐州即苏轼，因苏轼曾做过徐州太守而得其称谓）。”

（四）林语堂最佳评价

苏东坡是一个儒、道、释，诗词书画皆为另辟新界开山人物；是一个在慈善事业和公立医院领域首开先河的苏东坡；是一个政绩卓著、爱民如子、文韬武略兼备的苏东坡，却历尽坎坷，万劫不死。当代作家林语堂对苏轼作出了最为全面和公正的评价：苏轼是一个无可救药的乐天派、大文豪、大书法家、创新的画家、造酒试验家、工程师、憎恨清教徒主义的人、瑜伽修行者佛教徒、巨儒政治家、皇帝的秘书、酒仙、厚道的法官……①

（五）苏轼成才之因

主要有四个：一是天赋高，领悟能力强。二是刻苦且方法科学：自幼与父亲苏洵、弟弟苏辙一起苦读，任职国家图书馆期间博览群书，晚年苏轼曾对弟子王古说：“我每读一部经典，都是从头抄到尾”。自创“八面受敌”读书法：一本好书，精读多遍，每遍集中关注于书中的一个问题，“每一过专求一事，不待数过，而事事精窍矣”。

苏轼被贬黄州时，朋友朱载上去看他。朱载上在客厅等了很久，苏轼才

① 林语堂，张振玉. 苏东坡传[M]. 长沙：湖南文艺出版社，2016.

出来。“我刚才在做每天的功课，没发觉你来了。”朱载上：“您每天的功课是什么呢？”苏轼：“抄《汉书》啊。”朱载上很惊奇：“您这么牛，还用得着抄书吗？”苏轼：“这是我第三次抄《汉书》了。开始一段事抄三个字，后来一段事抄两个字，最后一段事抄一个字。”朱载上：“把您抄的书给我看看吧”苏轼马上取出一册抄书给他看。朱载上双眉紧皱，一点也看不明白。苏东坡：“请您说一个字。”朱载上随便挑了一个字，苏东坡立马背出数百字，无一差错。那天回家后，朱载上对儿子朱新仲说：“比我们优秀的人还比我们更努力，我们有什么资格不勤奋呢？”①

第三个原因是苏轼政治上“三起三落”，生活阅历极为丰富，做到了理论联系实际。最后是背后优秀女人们的支持：苏轼的母亲程夫人，名门闺秀，皇上称其“有孟母之德”，苏洵在夫人死后跪哭“凤兴夜寐，相夫教子，今后有事，向谁求正？”古代夫不跪妻，他说夫人有恩于他，他跪的是大恩人。儿时的苏轼想学范滂，苏母则用范滂之母的话教育苏轼：“还有比忠君爱国爱民更重要的事吗？你能学范滂，我为啥不能学范滂的母亲呢？”年轻的苏轼初涉官场与社会，苏母交代儿媳王弗好好照顾和帮助他。王弗确实能力出众，比苏轼更会观察人、更能处理社会交往等大小事情。王闰之相夫教子、理财持家等等，均是一把好手。背后优秀女人的支持，可以让苏轼尽情发挥他的聪明才智。

（六）主要代表作

《水调歌头·明月几时有》，中秋说月，无人能超。《江城子》，悼念亡人词，苏轼第二，谁敢说第一？谁人不知“十年生死两茫茫”这几个字的组合？《念奴娇·赤壁怀古》，争赤壁，几家欢喜几家愁。《定风波》表明坦荡胸怀之人生态度。为奸相吕惠卿起草的贬文，天下第一。所作《寒食帖》，被誉为“天下第三行书”……

1. 代表作《明月几时有》

丙辰中秋，欢饮达旦，大醉，作此篇，兼怀子由。

明月几时有？把酒问青天。不知天上宫阙，今夕是何年。我欲乘风归去，

---

① 人生缘何不快乐，只因未读苏东坡. [EB/OL]. http://blog.sina.com.cn/s/blog_440a15ce0102wuci.html#cre=sinapc&mod=g&loc=11&r=0&doct=0&rfunc=11&tj=none&s=0.

又恐琼楼玉宇，高处不胜寒。起舞弄清影，何似在人间？转朱阁，低绮户，照无眠。不应有恨，何事长向别时圆？人有悲欢离合，月有阴晴圆缺，此事古难全。但愿人长久，千里共婵娟。

视频：《水调歌头·明月几时有》

以月起兴，围绕中秋明月展开想象和思考，把人世间的悲欢离合纳入对宇宙人生的哲理性追寻之中，表现出作者热爱生活与积极向上的乐观精神。上片反映执著人生，下片表现善处人生。落笔潇洒，舒卷自如，情与景融，境与思偕，思想深刻而境界高逸，充满哲理，为历来公认的中秋词绝唱。

2. 代表作《念奴娇·赤壁怀古》

视频：《念奴娇·赤壁怀古》

大江东去，浪淘尽，千古风流人物。故垒西边，人道是，三国周郎赤壁。乱石穿空，惊涛拍岸，卷起千堆雪。江山如画，一时多少豪杰。遥想公瑾当年，小乔初嫁了，雄姿英发。羽扇纶巾，谈笑间，樯橹灰飞烟灭。故国神游，多情应笑我，早生华发。人生如梦，一樽还酹江月。

上阕写景，描绘了万里长江及其壮美的景象。下阕怀古，追忆了功业非凡的英俊豪杰，抒发了热爱祖国山河、羡慕古代英杰、感慨自己未能建立功业的思想感情。全词借古抒怀，雄浑苍凉，大气磅礴，笔力遒劲，境界宏阔，将写景、咏史、抒情融为一体，给人以撼魂荡魄的艺术力量，曾被誉为“古今绝唱”。

3. 代表作《定风波》

三月七日，沙湖道中遇雨，雨具先去，同行皆狼狈，余独不觉。已而遂晴，故作此。

莫听穿林打叶声，何妨吟啸且徐行。竹杖芒鞋轻胜马，谁怕？一蓑烟雨任平生，料峭春风吹酒醒，微冷。山头斜照却相迎。回首向来萧瑟处，归去，也无风雨也无晴。

该词写于因“乌台诗案”被贬黄州后的第二年，即公元1080年。在无权低薪的岁月里，在黄州城东山坡（东坡居士之名由此而来）的耕种日子里，42岁的苏轼通过《定风波》，把悟道“人间有味是清欢”后的超然，淋漓尽致地展现了出来，表达了他鲜明的人生态度和坦荡胸怀！难怪有人说：生活中不要被客观存在所牵绕，不妨去学着欣赏，大不了就像学看一幕悲剧一样，其实悲剧的人生才有价值。一位哲人说过："人的一生中有两个生日，一个是自己诞生的日子，一个是真正理解自己的日子。"苏轼在黄州迎来了另一个生日——重生日，"苏轼就此死了，而另一个苏东坡就此活了"。

二、情之旅

（一）兄弟情

1. 同中进士

四十四集电视连续剧《苏东坡》首集开映即说："大苏郎小苏郎，兄弟同日入洞房。入洞房，辞爹娘，明日双双登朝堂。"1057 年，20 岁的哥哥苏轼与 18 岁的弟弟苏辙进京赶考，分别以全国"第二"和第五名的成绩，同中进士。

2. 同朝为官共生死

兄弟两人相差两岁，从小一起长大、读书和休闲娱乐。哥哥苏轼性情豪爽，洒脱不羁，天然率真，出语惊人，常常得罪不少人。弟弟苏辙沉稳拘谨，内敛淡定，外圆内方，是老天爷特意派来保护哥哥的使者。走上仕途后，兄弟俩聚少离多，彼此珍惜相聚的日子。苏轼任杭州通判三年期满，再次被外放，只求朝廷让他离弟弟近一些。理由之一为"我少知子由，天资和且清。岂独是吾弟，更是贤友生"。有一次，弟弟苏辙在大雪中送哥哥苏轼几十里，直到黄河边。"乌台诗案"中，哥哥苏轼罹祸，留绝命诗"与君世世为兄弟，更结来世未了因"。弟弟苏辙上书，愿免一身官职，为兄赎罪，最后同遭惩治。哥哥苏轼出狱时，弟弟苏辙去迎接，用手特捂其嘴，以示三缄其口。有人认为，若不是弟弟苏辙多次出面为哥哥苏轼据理"开脱"、"说情"和自贬"抵罪"，苏轼只怕早就招致政敌的毒手。

图 14　苏辙像

3. 最佳中秋词最深兄弟情

因为七年不见，思念弟弟至深，苏轼写出耳熟能详、史上公认最好中秋词《水调歌头·明月几时有》，"丙辰中秋，欢饮达旦，大醉，作此篇，兼怀子由（子由，即苏辙，"辙"为苏辙的名，"子由"为苏辙的字）。明月几时有……”末尾几句“人有悲欢离合，月有阴晴圆缺，此事古难全。但愿人长久，千里共婵娟”，不懂苏词不知是写兄弟之情，以为是中秋因月思恋爱人。

有人归纳人生 16 种乐趣，其中之一为“微雨竹窗夜话”，讲的就是苏轼兄弟俩。苏轼友爱弟弟子由，“宁知风雨夜，复此对床眠”，和弟弟苏辙的雨夜之邀一直萦绕心间，只希望有朝一日退隐后能够与弟弟在风雨交加之夜听那敲打的雨声，倾心畅谈，对床而眠。

4. 兄弟临穴永不分离

1101 年，苏轼常州病重期间，苏轼给弟弟苏辙写信：“即死，葬我于嵩山下，子为我铭。”兄弟未能见上最后一面。后来弟弟苏辙在哥哥苏轼的墓志铭上写道：“我初从公，赖以有知。抚我则兄，诲我则师。”

兄弟俩都没有叶落归根四川眉山老家。弟弟苏辙将哥哥苏轼葬于河南嵩岳余脉莲花山前，此后每睹兄长遗墨，都欷歔落泪。弟弟苏辙不忍哥哥苏轼独眠他乡，便嘱妻子待自己死后，也葬此地与兄作伴。苏轼走后十一年即公元 1112 年，苏辙病逝，终于与哥哥苏轼长眠一起，再不分离。

（二）妻之情

1. 发妻王弗

苏轼的结发妻子王弗（公元 1039—1065 年），进士之女，饱读诗书（苏洵亡故之前说王弗，“温良贤淑、博闻强记”），与苏轼青梅竹马，郎才女貌，喜成“唤鱼姻缘”。

王弗去世十周年之际，苏轼梦遇亡妻，他想起了老家，那一片松林中的孤独的坟茔，写下了著名的《江城子·记梦》。这是千百年来写夫妻之情最成功、最动人的辞章之一：“十年生死两茫茫。不思量，自难忘。千里孤坟，无处话凄凉。纵使相逢应不识，尘满面，鬓如霜。夜来幽梦忽还乡。小轩窗，正梳妆。相顾无言，惟有泪千行。料得年年断肠处，明月夜，短松冈。”

视频：《江城子·记梦》

2. 继室王闰之

王弗死后，苏轼的父亲苏洵一为遵循眉山旧有习俗，二为不得罪朝廷权贵（都想拉拢苏轼，让其成为自己的女婿），让苏轼续弦王弗的堂妹王闰之

（1048—1094 年）。在苏轼官海沉浮中，王闰之“练达持家、性格温顺、知足惜福”，能体贴人、同甘共苦。最困难时，和苏轼一起采摘野菜，赤脚耕田，变着法子给苏轼解闷，陪苏轼度过了最苦的半生。苏轼任黄州团练副使，月薪 450 吊钱，王闰之把它分成 30 份，每日取一份家用，如有余钱则买酒招待朋友。在最艰苦的时候，王闰之依旧兼顾着丈夫的嗜好。对堂姐王弗的儿子苏迈视如己出，亡故前安排好苏轼侍妾王朝云照顾自己的丈夫。问及为何毫无保留、一心只为苏轼好，王闰之答曰：“因为来世再见，你一定不会看上我，我不用尽此生之情，来世只会遗憾叹息。我若先死，是我的福气；我若后死，我不知道活着还有什么意义。”得妻如此，夫复何求！

结婚 25 年后，王闰之去世。苏轼痛断肝肠，写祭文：“我曰归哉，行返丘园。曾不少须，弃我而先。孰迎我门，孰馈我田。已矣奈何，泪尽目干。旅殡国门，我实少恩。惟有同穴，尚蹈此言。呜呼哀哉。”妻子死后百日，苏轼请朋友、大画家李龙眠画了十张罗汉像，请和尚给她诵经超度往生乐土时，将罗汉画像献给了妻子亡魂。

3. 侍妾王朝云

杭州街头相遇，十二岁的朝云，出身贫苦，姿容秀丽，出类拔萃。凭着对艺术生活的了解与体验、对细腻感情的把玩品味，与富有浪漫气质的苏轼相贴近。苏轼最困顿时，身边侍妾纷纷离去，王朝云却一直陪伴其左右，“曲罢曾教善才服，妆成每被秋娘妒”。苏轼写给王朝云的诗歌最多，赞美朝云“天香国艳肯相顾，知我酒熟诗清温”，称其为“天女维摩”，为其写下著名的《蝶恋花》：“花褪残红青杏小。燕子飞时，绿水人家绕。枝上柳绵吹又少，天涯何处无芳草。墙里秋千墙外道。墙外行人，墙里佳人笑。笑渐不闻声渐悄，多情却被无情恼。”

图 15　王朝云

她是他的解语花，他是她的精神依托。她懵懵懂懂，他如兄如父。她情窦初开，他正应爱慕。他作词，她唱曲；他写诗，她研墨。二人醉酒畅谈，心意相通，棋琴书画，诗酒风流。只有王朝云，才会让苏轼写出“枝上柳绵吹又少，天涯何处无芳草”；只有王朝云，才识得苏轼腹里装的全是“不合时宜”。可惜三十七岁香消玉殒，独调古琴，却再不忍听那曲蝶恋花。朝云的死，带走了苏轼全部的柔情与爱恋，此后世间红尘万丈皆与他无关。朝云去世后，苏轼一直鳏居。遵照她的遗愿，苏轼将朝云葬于惠州西湖孤山南麓栖禅寺大圣塔下的松林之中，并在墓边筑六如亭以纪念，撰写楹联“不合时宜，惟有朝云能识我；独弹古调，每逢暮雨倍思卿”。朝云墓如今已成为惠州名胜。

（三）朋友情

苏轼一生遭遇很多小人，但结识了更多的朋友。天灾无怨，人祸有恨。精神烦恼的最大祸根是怨天尤人。苏轼对小人发过脾气，表达过愤怒，但他一生不恨人。章惇从朋友变为仇人后，下手更狠，恨不得整死苏轼。苏轼晚年流放海南儋州，拜他所赐。章惇失势被贬海南，章家唯恐苏轼“以彼之道，还施彼身”，章惇的儿子（苏轼的学生）给苏轼写信：“恳求坡老为相之后放过我父子俩”。苏轼回信：“轼与丞相定交四十余年，虽中间出处稍异，交情固无所增损也。”苏轼并没有打击报复章家，因为他有一句名言：“眼前天下无一个不好人。”对此，有人认为苏轼知世故而不世故？

苏轼曾对弟弟苏辙说：“我上可以陪玉皇大帝，下可以陪卑田院乞儿，在我眼中天下没有一个不是好人。”于常州临终前，苏轼跟儿子说：“我生平未尝为恶，自信不会进地狱。”

（四）百姓情

无论是在凤翔、密州，还是徐州，苏轼屡屡冒着丢官甚至杀头的风险，解决老百姓多处重大险情与问题，如凤翔的流民问题，密州的“四害”、徐州两个多月的洪灾。在黄州为救社会弃婴，成立东坡雪堂救儿会——世界上第一座孤儿院。第二次为官杭州，治瘟疫，建立杭州安乐坊——世界上第一所公立医院。

苏东坡曾经往返于南京和靖江之间，盘算在太湖地区买一个农庄，作为老年退隐之地，结果花仅有的五百缗钱买下一栋很好的老宅子。一天晚上，他和朋友在村中漫步，经过一户人家时，听见里面有老妇人哭泣声。原来是女人的儿子败家卖了自家老房子，她将要搬出去了，凑巧是苏东坡花五百缗钱买的房子。苏东坡把契约拿出来，在老妇人面前一把火烧了，第二天告诉她儿子把老母请回去住，并没有讨回五百缗房钱。苏东坡自己既没有了房子又损失了五百缗钱。①

三、趣之旅

一个人，有才无趣是高冷；无才无趣是蠢笨；无才有趣是耍活宝……苏轼却极有才加极有趣。同为“唐宋八大家”的王安石问苏轼，斑鸠的“鸠”为什么是“九+鸟”组成。苏轼答曰：“《诗经》云：‘鸤鸠在桑，其子七兮’，加上爹娘，不是九只吗？”辽国使臣出上联“独塔巍巍，七级四方八面”，想难住宋朝文武官员。苏轼说这么简单的上联，朝堂老公公（太监）都能答上。当公公摇手表示不会时，苏轼说公公其实已经答了下联“只手摆摆，五指两短三长”。调侃好友张先 80 岁时娶 18 岁小妾，“十八新娘八十郎，苍苍白发对红妆。鸳鸯被里成双夜，一树梨花压海棠”……

苏轼与和尚佛印是一对好友，见河岸上一狗啃骨头，便对其吟“狗啃河上（和尚）骨!”佛印反应很快，马上把一把题有东坡居士诗词的扇子扔到河里，接话“水流东坡诗（尸）!”苏轼参佛领佛，有一天自以为是，写了一首偈（阐释佛理的小短诗）“稽首天中天，毫光照大千，八风吹不动，端坐紫金莲”，指望佛印表扬自己几句。佛印什么都没说，只写了两个字：放屁。苏轼大气，连夜过江理论。到了金山寺，佛印不在（料定苏轼会来），留下十个字“八风吹不动，一屁打过江”。一次与佛印参禅，见其身穿褐黄色袈裟（苏轼觉得很像一滩牛粪），于是动心眼了，问佛印自己坐着像什么。佛印说“坐姿恰似如来佛祖”，并反问苏轼自己像什么。苏轼说佛印坐姿像滩牛粪。佛印微微一笑，什么都没说。苏轼以为占了便宜，人家告诉他“佛云‘相由心生’，心里有什么，看对方就是什么，你自己才亏了。”

43 岁遭小人诬告，苏轼陷入“乌台诗案”，差点丢命。在被钦差捉拿进京时，家里人一片哭声，苏轼居然还有心情给大家讲故事，并在故事中杜撰了一首诗，苏夫人听了，破涕为笑。这首诗最后两句是，“今日捉将宫里去，这回断送老头皮”。

被贬黄州团练副使，在城东坡上开荒种菜补贴家用，有了“东坡居士”。他像农民一样耕作，享受收获的快乐，和孩子们一起看针尖般冒出地面的绿

① 林语堂，张振玉. 苏东坡传[M]. 长沙：湖南文艺出版社，2016.

苗，会欢喜得像孩子般跳起来；他在乡村酒肆喝酒，被粗野的醉汉推来推去，他在文章里记下了朋友们的名字：潘酒监，郭药师，庞大夫，农夫古某，还有一个悍妇。在黄州，猪肉极贱，“富者不肯吃，贫者不解煮”，苏轼便发明了“东坡肉”，做出“东坡鱼”、“东坡汤”。黄州论道，“人生何以不能用弯月作钓钩，用江河作钓线，用高山作钓台，以星光作渔火，以万物为钓饵，钓苦海之大乐”。

被贬杭州，写诗“九死南荒吾不恨，兹游奇绝冠平生”；被贬岭南，则“日啖荔枝三百颗，不辞长作岭南人”。62 岁被贬海南儋州，“食无肉，病无药，居无室，出无友，冬无炭，夏无寒泉”，仍头顶西瓜边走边唱，给路边一老太婆取名“春梦婆”。在儋州，乐此不疲地采草药、学酿酒和制墨，还办起了学堂。于是有了他的名言“守其初心，始终不变”。

任杭州太守，一商人因债务受审，此被告说明自己的苦况：家里开了一家扇子店，家父去世，留下一些债务，春天天阴多雨，扇子卖不出去，不是存心赖债不还。苏东坡眼睛一亮，计上心来。对那人说，你把扇子拿一捆来，我替你卖。那人回去，转眼拿来二十把素绢团扇。苏东坡拿起桌子上的笔，开始在扇子上写草书，画几棵冬日的枯树、瘦竹岩石。大约一个钟头的功夫，他把二十把团扇画完，把扇子交给年轻人说，拿去还账吧。年轻人喜出望外，想不多有这么好的运气，向太守老爷千恩万谢，然后抱着扇子跑出了官厅。外边早已传开太守大人画扇子卖。他刚走出衙门，好多人围起他来，争着拿一千个钱买他一把扇子，不几分钟，扇子卖光，来晚一步的，只有徒叹奈何了。

1101 年农历七月二十八日，常州小船上，苏轼走到了人生尽头，与老友维琳方丈临终对话。方丈附在他耳边说：“现在，要想来生。”苏轼最后遗言：“勉强想就错了。”话音一落，世上再无苏东坡！林语堂先生总结出来的“无可救药的乐观主义者”苏轼先生，最后一刻也不愿意有悖自然。

第四节　齐白石*

在中国绘画史上，有一位伟大人物：他家道贫寒，早年以干木匠活为生；

* 页脚处请注明：本节内容参考了 2015 年 8 月 31 日央视 4 台《文明之旅》栏目吕立新教授主讲的“齐白石—从木匠到巨匠”。

24 岁学画，擅画花鸟、虫鱼、山水、人物，开创红花墨叶派，画虾更是堪称一绝，已入化境；他名贯中西，是毕加索眼中了不起的东方画家，与吴昌硕并称“南吴北齐”；他始终保存一份乡心、童心和农心，画作取材自然、源于生活；他无意仕途，一心作画，一生作画；他贵人相助，大器晚成，多子多孙，长命百岁，桃李天下，代表了中国传统文化中最美好的一面。他就是近现代中国绘画大师、世界文化名人齐白石（1864—1957）。

一、小木匠的绘画梦

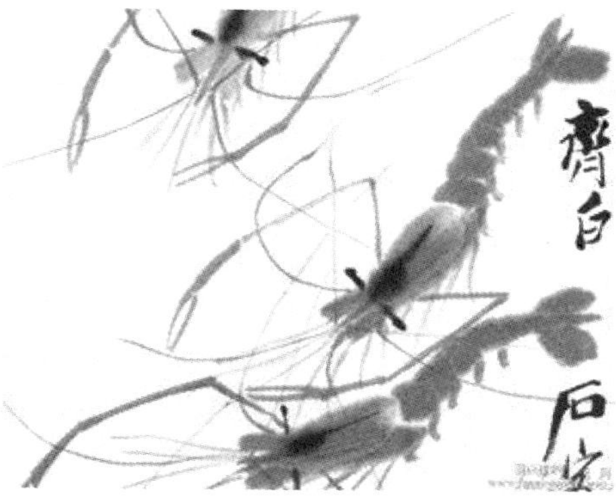

图 16　齐白石的虾

（一）出身贫寒

1864 年 1 月 1 日（农历一八六三年冬月二十二），齐白石出生在湖南省湘潭县白石乡杏花村星斗塘。六岁时跟着外祖父读书，闲时爱用习字本、账簿纸作画。小时候穷到家里无米下锅，因为经常不能做饭，灶膛时间一长长出很多小蝌蚪、小青蛙来（这也是乡心、童心和农心作品的题材之一）。十四岁时（因本家叔祖父春节拜年之机缘）拜人为师学习雕花木工，开始自己的木匠生涯。

（二）木工活里的绘画

齐白石 20 岁时，一次偶然的机缘，在一个主顾家无意间见到一部乾隆年间翻刻的《芥子园画谱》（清代著名文学家李渔和他女婿的杰作、画坛启蒙良师，国画大师潘天寿、大画家陆俨少等都以此画谱入门学画）残本，如获至宝。齐白石把书借回家，晚上收工后，点着松油灯，用薄竹纸一幅幅地勾影。用了半年时间，把一部《芥子园画谱》勾影完成，钉了 16 大本。从此，齐白石做雕花木活，就用画谱作依据，改掉了过去的许多毛病。可以说，这部《芥子园画谱》为齐白石后来的绘画打下了良好的基础。

（三）木工转绘画

1888 年，齐白石拜民间艺人为师学画肖像，边做木匠边画画。1889 年，一次偶然的机会，湖南省本土画家胡沁园看中齐白石的人物肖像画，劝其“弃木从画”，并劝其拜胡沁园的家庭教师陈少蕃为师学诗文。齐白石第一次得贵人相助，一边师从胡沁园作画，一边师从陈少蕃诗文书画，从此脱离木工生活，专习绘画，开始为人作肖像养家，逐步走向绘画艺术大道，终成一代大师。

二、艺术风格

（一）似与不似

受贵人画家胡沁园、陈少蕃、陈师曾等的影响，齐白石认为，作画妙在似与不似之间，太似为媚俗，不似为欺世。白石老人的虾，生活中是没有的，是艺术虾。右图画的是河虾和海虾的结合体，河虾的长钳、海虾的透明。他画虾头时，趁着还没有干，用重重的一笔，就增加了虾的质感，立体感一下就出来了。

（二）轻松幽默，充满智慧

《螃蟹》题跋“何以不行”，充满智慧：一者已被蒸熟，还能“行”么？二者无能力为“不行”、不能活动为“不行”。《鹦鹉》画题跋“汝好说是非，有话不在汝前头说”，白石老人哪里是在画鸟？他是以鸟喻人，在画生活中的人嘛。

（三）触景生情，无所不画，无处不画

因为农民身份和早期的木匠生涯，因为受石涛、八大山人、海派大画家吴昌硕等影响，更因为对大自然的热爱，白石老人从民间文化中汲取营养，给中国传统绘画注入无限生机，触景生情，无所不画。他画虾、画鱼、画螃蟹、画苍蝇、蚊子、老鼠、青蛙、蜘蛛、屎壳郎等，几乎没有他不画的。

（四）毕加索的评价

“齐白石真是中国了不起的一位画家！中国画师多神奇呀！齐白石用水墨画的鱼儿没有上色，却使人看到浩浩长河与游鱼。”1956 年，大画家张大千拜访毕加索，毕抱出一捆宣纸，往桌上一放，你看吧。全是齐白石的临摹画。后来，有人邀请毕加索访问中国，他说中国有齐白石，太厉害了，他不敢来。

案例：白石老人画虾的故事

齐白石从小生活在水塘边，常钓虾玩虾，青年时开始画虾，40 岁后临摹徐渭、李复堂等明清画家的虾，63 岁画虾已很相似，但还不够“活”，便在碗里养了几只长臂虾，置于画案，每日观察，画虾之法也因此而变，虾成为齐白石代表性的艺术符号之一。齐白石画虾已入化境，在简括的笔墨中表现了游弋水中的群虾。粗壮、浓厚的茨菇，与群虾的透明、轻灵纤细形成对比，体现出晚年的齐白石画艺的成熟。

白石老人晚年画虾，大家非常喜欢也纷纷索要虾画。白石老人就在门上贴上告示：十银元一只。有一人特狡猾，在信封里塞了 55 元，放在他家门缝里，说两天后取画。那人以为准是画的六只大虾，到家把画打开一看，果然是六只！只是有一只游得太快，身子已经游出去了，画面上只留下了一个尾巴，五只半！

图 17　浩瀚长河鱼

三、鉴画窍门

（一）永远没有七十六岁的落款

1937 年白石老人七十五岁，有个算命先生跟他说，七十六岁这年会命不好，必须把七十六这个年龄跳过去，这样对齐白石的安全才有好处。白石老人非常信“命”，从此他就把七十五、七十六和七十七都变成了七十七。市面上齐白石老人七十五岁的作品非常少，因为这个落款的时间期限没有一年，很快就跳跃式变成七十七了。

（二）牵牛花与众不同

白石老人到梅兰芳先生家做客以后，看到牵牛花特别兴奋，于是特别喜欢牵牛花，开始画牵牛花。白石老人画牵牛花，花蕊和花头基本上都是朝上的，很少七零八落，很少随意而开。

（三）石“口”的变化

汉字“石”的底下是个“口”，齐白石 87 岁时，为了提防别人落他的款，他把口画成了圆圈（如《喜上眉梢》）。过了几年，做假画的知道了，跟着画圆圈。所以白石老人九十二岁时，又恢复了画口（如图《和平鸽》）。

（四）题字特靠边

白石老人题字都特别靠边（如图《青蛙》），很多做伪者不知道这个情况，把字题得都靠画心儿里边，这不符合白石老人创作的规律。

图 19　青蛙

四、大师成因

（一）木匠出身

视频：齐白石的木匠生涯

木匠生涯对白石的绘画、刻印等艺术产生了非常大的影响。第一，在穿街走巷、雕花刻木中，齐白石熟悉了乡村文化中的绘画题材与艺术。第二，十多年入百家门、吃百家饭，使他了解普通百姓的所思所想，知道最下层民众的热爱和喜好，这直接影响到他后来的绘画风格。

如果说艺术源于生活，那么，齐白石的绘画则源于“半木半画”。正因为如此，与书香门第的画家张大千、身为清室贵胄出生于恭王府的溥儒等相比较，身于柴门的齐白石，绘画风格大为不同；第三，在长年劳作中，锤炼了齐白石的绘画造型、构图、材质把握等能力。因为完全手工、舞斧弄刀（斧头、刨子、凿子、锤子等工具），十几年长身体阶段的木匠活儿下来，练就了手、腕、臂的力量，使其书法绘画及篆刻大受裨益。傅抱石有一年找白石求印，希望他能演示刻一方印章。白石老人手上力气非常大，随手抓一块石头，也不固定，直接往前推，呼呼带风，不见回刀，只见石渣子乱蹦，“咔咔”几下就推出一块印章，斑驳痕迹非常自然。同时画家，其他人只有佩服的份，因为回去一学即败。[①]

图 18　和平鸽

（二）贵人相助

1917 年，孙中山领导的北伐军与民国政府军在湖南打仗，湘潭成了主战场。一打仗就闹土匪，社会动荡，土匪扬言抢齐白石家，湖南待不下去了。56 岁的白石老人，只身一人闯荡北京，史上最牛北漂！到达北京后，经人介绍又认识了一位大贵人陈师曾，从此衰年变法。

视频：胡沁园对齐白石的帮助

（三）衰年变法

57 岁定居北京后，白石老人听从北京画家陈师曾的建议，开始衰年变法，十年成功，开创了红花墨叶派（红色的花用墨画叶）。从此，他的艺术进入“一花一叶扫凡胎，墨海灵光五色开”的境地，绚丽多彩。中国古代绘画，有大

① 齐白石的书画人生：齐白石是如何成为艺术巨匠的？[EN/OL]. http://tangwuzhi.com/a/yixue/yixueyufuxue/3342.html

量用红色的吗？没有。自白石老人开始，大量用浓烈的色彩（如《荷花》、《蚂蚱雁来红》），让中国画从此走上了欣欣向荣的道路。

视频：齐白石的绘画

变法前后画鸟之比较　变法前的《牡丹小鸟》：画上小鸟孤独地立在悬崖之上，崖下两只墨牡丹弱不禁风，又细又长。特别要命的是这只鸟缩着脖、闭着眼、无精打采，可以说整幅画面冷冷清清，让人看不到任何希望。变法之后《梅石八哥》：瞪圆了双眼，若有所盼，等待着什么。

变法前后画花之比较　变法前的这孤零零的几朵花，丝毫没有颜色。变法后的《蚂蚱雁来红》，色彩斑斓，画风完全不一样。

（四）白石精神

1. 乐观向上，画笔不止

齐白石一生勤奋，从不虚度光阴。他活到九十七岁，画到九十七岁。齐白石一生留下画作近 20000 张。徐悲鸿，只有 3000 张；李可染，不到 2000 张；李苦禅，不到 2000 张；潘天寿，800 张；陈少梅，400 张。

2. 虚心学习，齐头并进

画画的人，讲究诗书画印。白石老人向富家子弟学习治印，人家开玩笑让他喝烟袋的过滤水，他还真喝，终成一代治印大家，共留下三千多方印章。诗书画印，他自己认为诗歌第一，治印第二，书法第三，绘画第四。1957 年白石老人去世，随葬的就三件东西，一件是他用了三十多年的拐杖；另外两件是印章，一方刻着他的名字，一方刻着他的籍贯。

3. 矢志不渝，专心一事

从二十七岁“弃木从画”开始，齐白石一辈子只画画，从未见异思迁过。他不是没有条件、不是没有机会当官，但白石先生一生只对画画感兴趣。小时候，一新任镇长上任，敲锣打鼓，游街庆贺，邻居约他去看热闹。齐白石说，那有什么可看的啊。中年时期，他结识了大文人樊樊山，樊当时要介绍齐白石进宫（给慈禧太后做代笔画师），齐白石坚辞不干。

第五章　健康：民间传统四季之旅

第一节　春季健康*

春季从立春开始，经过雨水、惊蛰、春分、清明、谷雨，直到立夏前一天为止。俗话说“一年之计在于春，一日之计在于晨”，养生同样如此，一定要注意做好春季养生和晨练，为一年和一天的健康打下基础。“春生、夏长、秋收、冬藏”，春季是生发的季节，“春夏养阳，秋冬养阴”，又因五时（春、夏、长夏、秋、冬）中的春与五气（风、暑、湿、燥、寒）中的风、五脏（肝、心、脾、肺、肾）中的肝相对应。因此，春季养生应护肝养脾、防风养阳。

一、饮食健康

春季生发，新陈代谢旺盛。春气与肝气、木气相通，按照五行的说法，水生木，木克土，所以春季养生应注意滋水涵木、护肝养脾，饮食宜甘而温、富含营养，以健脾扶阳。忌过于酸涩，宜清淡可口；忌油腻生冷，宜多吃含蛋白质、矿物质、维生素 B 丰富、黄绿色食品。此外，春季多食大蒜、韭菜、芹菜等新鲜时令蔬菜，可疏风散寒、杀菌防病，有效预防春季多发性感冒、呼吸道感染、心脏病等疾病的发生。

（一）蔬菜

美颜黄瓜： 黄瓜纤维丰富、娇嫩，能促进排泄肠内毒素、降低血脂。黄瓜酶是很强的活性生物酶，能有效促进机体新陈代谢，促进血液循环，从而润肤美容。黄瓜最宜生吃或榨汁喝。

---

* 页脚处请注明：本节内容参考了 2013 年 4 月 8 日央视 4 台《文明之旅》栏目樊正伦先生主讲的“春季话养生”。

* 特别强调：四季养生不能替代药物与医生，有病请及时就医！

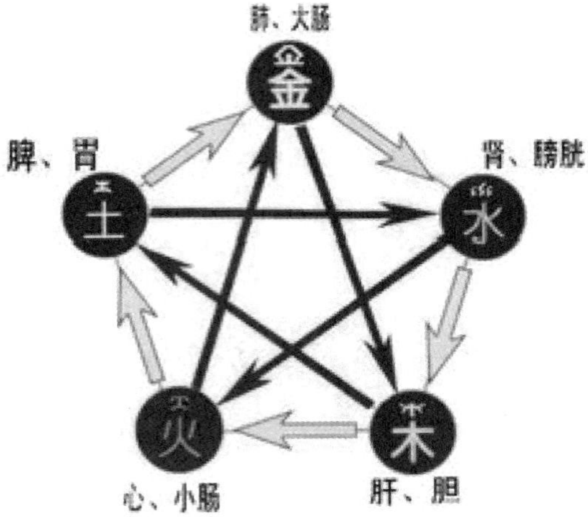

图 19　五行相生相克

养血菠菜： 尖叶菠菜叶柄长，叶片较薄，根粗壮，含糖分多；圆叶菠菜片大肉厚。菠菜含铁量最高、胡萝卜素含量大大高于其他蔬菜、维生素 C 含量虽低于辣椒却高于西红柿，且所含具有止血作用的维生素 K 是叶菜中最高的。菠菜营养价值极高，具有滋阴润燥、舒肝养血等作用，对春季因肝阴不足所致的高血压、头晕、糖尿病、贫血等都有较好的辅助治疗作用。

健脾茼蒿： 茼蒿又名"上汤皇帝菜"，可以"安心气，养脾胃，消痰饮，利肠胃（孙思邈）"。茼蒿的清香气味是由于它含一种挥发性的精油，能够刺激食欲。茼蒿还能通利小便，消除水肿。

降火莴笋： 莴笋又称"春菜"，钾含量较高，有利于维持体内水平衡，对高血压和心脏病患者有益。汁水多，味道清香，可以缓解肝火旺盛症状。莴笋叶含丰富的钙、胡萝卜素及维生素 C，而臭莴笋素可促进胃液、消化酶及胆汁分泌，有助于乙肝、丙肝病毒携带者以及慢性肝病患者增进食欲。肝硬化合并贫血者常吃莴笋，可促进有机酸和酶分泌，增加铁质吸收，有助于血小板上升和恢复，防止病情恶化。

益肝韭菜： 韭菜有"清肠草"之称，"春食则香，夏食则臭"，春季食用有益于肝，能疏调肝气，增进食欲，增强消化功能。

降压芹菜： 芹菜性凉，味甘辛，平肝健胃，富含蛋白质、糖类、胡萝卜素、维生素 C、氨基酸、铁、钾等，可降血压、血脂，更可清内热。芹菜可与香干、肉丝等炒食，色彩鲜艳，味道清香。

小知识：

[凉拌芹菜]做法 原料：新鲜芹菜500克，精盐、香油、蒜末、味精各适量。制作：1. 将芹菜去老叶、叶片、根，剩下叶柄，洗净切成小段；2. 将叶柄放入沸水锅中焯一下，变色时捞出，用凉水过凉；3. 将芹菜叶沥干水分后，放入容器中加入精盐、香油、蒜末、味精拌均匀即可。

（二）水果

菠萝：菠萝含有一种叫“菠萝朊酶”的物质，它能分解蛋白质，溶解阻塞于组织中的纤维蛋白和血凝块，改善局部的血液循环，消除炎症和水肿；菠萝中所含糖、盐类和酶有利尿作用，适当食用对肾炎、高血压病患者有益；菠萝性味甘平，具有健胃消食、补脾止泻、清胃解渴等功用。

芒果：芒果果实营养价值极高，维生素A、C含量高，糖、蛋白质及钙、磷、铁等营养成分，均为人体所必需（饱饭后不可食用芒果，不可以与大蒜等辛辣物质共同食用）。

山竹：山竹不仅味美，而且还有降火的功效，能克榴莲之燥热。山竹含有丰富的蛋白质和脂类，对机体有很好的补养作用，对体弱、营养不良、病后都有很好的调养作用。

草莓：明目养肝，防癌；果胶和膳食纤维助消化、通便；其营养成分容易被人体消化、吸收，多吃也不会受凉或上火，是老少皆宜的健康食品（不要吃畸形草莓）。

荔枝：能明显改善失眠、健忘、神疲等症；消肿解毒、止血止痛；促进微细血管的血液循环，防止雀斑的发生，令皮肤更加光滑。

（三）茶水

一方水土养一方人，喝茶的讲究因人因地而异。北京人春天最爱喝花茶，花茶是相对平性的，帮助消化促进饮食。黑龙江、内蒙古等地爱喝红茶，红茶是温性的。长江流域，大部分喝绿茶，像碧螺春、龙井，清心祛热，帮助消化。岭南、福建，喝铁观音一类的茶。铁观音没有红茶热，又没有绿茶寒，比较适合养胃。云南喝普洱茶，保护脾胃、助消化。建议春天喝一点枸杞菊花茶，菊花有生散的作用，清热明目；枸杞有养血的作用。春天里面气血不足，肝气不容易生发，泡枸杞菊花茶，效果可能会更好。

春季风大，气候干燥，水分缺乏，应多喝白开水补充体液。晨起一杯白开水不但可以补充身体代谢失去的水分，在预防便秘的同时还能稀释血液，促进血液循环，防止心脑血管疾病的发生，这对于对中老年人尤为重要。多饮水还可以促进腺体，尤其是消化腺、胰液、胆汁的分泌，以利消化吸收和排除废物，减少自身体内代谢物和毒素对肝脏的损害。

二、运动健康

俗话说："药疗不如食疗，食疗不如运动。"锻炼是春季养生中非常重要的一部分，有规律的活动、适当的运动是古往今来长寿的秘诀，"动则生阳"。春季绿色植物增多，空气中的阴离子倍增，在这样的环境下锻炼，不仅能提高生理机能和健康水平，还有利于调节自身情绪。因此，应多做些如做操、慢跑、打球、打太极拳等户外活动，让机体吐故纳新，使筋骨能得到很好的舒展。春季锻炼还可让思想变得敏捷且不易疲劳，从而提高办事效率。

一般来说，男、女性分别在 32 岁和 35 岁以前，选择哪种锻炼方式都可以，运动量可以稍大一些，因为这时候整个生命处在生发状态。男、女性分别过了 40 岁和 42 岁以后，一定要选择适合自己的运动，以自主运动为主，如慢跑、散步、跳绳、游泳、爬山、放风筝、骑自行车、伸懒腰等，减少应激运动。可以控制速度、时间，运动强度以不累为限，或运动后心率为 170 减年龄的数值。

三、疾病预防

（一）预防四类食物伤肝

① 酒　酒精的中间代谢产物——乙醛，直接损害肝细胞。② 含防腐剂的食物　各种便利食品如方便面、香肠、罐头等，可能加有防腐剂、色素，经常食用会增加肝脏代谢和解毒功能的负担。③ 霉变食物　发霉的食物如花生、大豆、玉米等，发霉后产生致癌物质——黄曲霉毒素，对肝脏有极强的肝毒性，且容易导致肝细胞受损、变性甚至坏死，继而可能会导致或诱发肝癌的发生。④ 葵花籽　含有不饱和脂肪酸，过多食用会消耗体内大量的胆碱，易导致脂肪在肝内的储存，进而影响肝细胞的功能。

（二）预防感冒

感冒分风寒与风热感冒两种，它们的区别见下表：

表 1　风寒感冒与风热感冒的区别

	风寒感冒	风热感冒
汗	无汗：发热（高烧）、头疼、全身疼；	有汗：发热（低烧）、怕风、畏寒
痰	清　稀	稠　浊
鼻涕	清鼻涕	黄鼻涕
起因	劳累、没休息好，吹风或受凉	便秘所致
治疗	解表散寒，如感冒清热冲剂	祛风清热，如银翘解毒丸、板蓝根冲剂等

（三）春困及应对

困，就是老想睡觉。春天常常睡不好觉，晚上睡到半夜就醒了。春困是一种正常的季节性变化时出现的生理现象。因为春天，人的气血从里面向外面走，这时候的主管脏腑是肝，肝的藏血功能已经开始把血往外调动了，肝血就不足了。为什么会不足呢？因为冬季皮肤血管收缩，春季天气变暖，血管、毛孔扩张，相对稳定的血流量较之前要大量用于供应皮肤，导致供应脑的血流量相对减少，从而造成春困。另外，肝血不足，也导致阳气回不去，阳气不能很好地和肝血相结合，人的睡眠就会受到影响。所以，困也是由于人的肝阴不足、血不足所致。

如何应对春困呢？一要按时作息，保证适度睡眠，不要累了才上床，不在床上看书或上网；二是三餐要有规律且饮食清淡，不过食肥甘厚味，并减少饮食；三是春困与脾虚湿盛有关，要健脾利湿，多运动，每天 30 分钟的运动对改善睡眠大有裨益，特别是有氧运动让人睡得更香，而在阳光充足的天气下锻炼，更有好处，因为晒太阳有助于调节人体天然的睡眠节律；四是用香料提神醒脑，用风油精、清凉油等涂抹太阳穴。此外建议：早上空腹吃一粒乌鸡白凤丸，空腹时运化能力最强。如果晚上睡不着，吃一点枣仁安神液，养血、养肝阴。人体的肝血足了，睡眠就会踏实。

（四）小心旧病复发

由于气候要素的变化，春天常引发许多疾病复发。最为常见的有：

一是冠心病，每年2—4月份是心肌梗死的发病高峰期。主要原因：天气变化无常，忽冷忽热，时风时雨。二是风湿性心脏病，主要是由于风湿热反复发作侵犯心脏引起，常因寒冷、潮湿、过度劳累以及上呼吸道感染后复发或加重。研究表明，春天是“风心病”复发率极高的季节。三是关节炎，尤其是早春气象变化所致，如受寒应及时用热水泡脚，增加关节血液循环。四是肾炎，春季易感冒，易导致肾炎复发。五是花粉症，每年春暖花开、艳阳高照时节，有些人因为接触某些花粉而过敏，感到鼻、眼奇痒难忍，喷嚏不断，流泪流涕不止，甚至出现头痛、胸闷、哮喘等症状。所以过敏体质者尽量少赏花，外出要戴口罩、墨镜等，以减少接触花粉的机会。

（五）泡脚防病

经过一天的劳累，晚上身体会较为疲累，尤其是肝肾急需得到休息和调养。这时泡脚不仅可缓解疲劳，还有利于睡眠。在泡脚时，通过脚底进入人体全身，水里的热量使体内肾经、肝经都得到养护。泡脚可促进新陈代谢，加强体内循环，输送血液至足部末梢，可减少高血压、心脏病及中风等高危险疾病的发生。

四、《黄帝内经》论春季健康

《黄帝内经》记载：“春三月，此谓发陈。天地俱生，万物以荣。夜卧早起，广步于庭。被发缓行，以使志生。生而勿杀，予而勿夺，赏而勿罚。此春生之气，养生之应，养生之道也。逆之则伤肝，夏为寒变。”春季三个月，是推陈出新、万物复苏的时节。天地之间富有生气，万物欣欣向荣。此时，人们应该晚睡早起，在庭院里散步。披散头发，解开衣带，使形体舒缓，让神志随春天的生发之气畅然勃发。神志活动要顺应春生之气，而不要违逆它。这就是适应春季的气候、保养生发之气的方法。如果违背了这些方法，就会损伤肝脏，使得供给夏季长养之气的能力减弱。这样的话，夏季就会出现寒性病变。21—23点，这时候应该睡觉了，最迟不要超过23点。23—1点，23—3点，胆经和肝经最旺盛，该是排毒的最佳时机。6点是最佳起床时间。

第二节　夏季健康*

夏季指农历四至六月，历经立夏、小满、芒种、夏至、小暑和大暑六个节气。夏季是一年中阳气最盛的季节，气候炎热而生机旺盛，人体新陈代谢旺盛，阳气外发，伏阴在内，气血运行旺盛并活跃于机体表面。养生应如汪绮石《理虚元鉴》所说，“夏防暑热，又防因暑取凉，长夏防湿”。

一、饮食健康

炎夏饮食应以清淡质软、易于消化为主，少吃高脂厚味之物，忌食油腻、煎炸及热性食物。清淡饮食能清热、防暑、敛汗、补液，还能增进食欲。多吃新鲜蔬菜瓜果，既可满足所需营养，又可预防中暑。

（一）肉类：牛肉、瘦肉、蛋、奶、鱼

夏天一定不要吃过于油腻的东西。鸡肉、羊肉是温性的，牛肉是平性的，猪肉是寒性的，所以吃牛肉效果最好。羊肉比较上火，春天可以吃点鸡肉羊肉，但夏天不要吃涮羊肉。

（二）蔬菜

瓜类

夏季气温高，人体丢失的水分多，须及时补充。蔬菜中的水分，是经过多层生物膜过滤的天然、洁净、营养且具有生物活性的水。瓜类蔬菜含水量都在90%以上。所有瓜类蔬菜都具有降低血压、保护血管的作用。

凉性蔬菜

多吃凉性蔬菜，有利于生津止渴，除烦解暑，清热泻火，排毒通便。苦瓜、丝瓜、黄瓜、菜瓜、番茄、芹菜、生菜等都属于凉性蔬菜。

“杀菌”蔬菜

包括大蒜、洋葱、韭菜、大葱等，含有丰富的植物广谱杀菌素，对各种

---

* 页脚处请注明：本节内容参考了2015年7月6日央视4台《文明之旅》栏目樊正伦先生主讲的“夏季话养生”。

球菌、杆菌、真菌、病毒有杀灭和抑制作用。其中大蒜作用最突出，最好生食。夏天因为常吃冷菜，所以要坚持每天吃大蒜，可杀菌。

绿豆汤

民谚“夏喝绿豆汤，冬煮银耳汤”，夏天体内气血不足，给细菌、病毒创造条件，所以容易闹肚子、腹泻，这时首选绿豆汤。绿豆的绿皮清热解毒、治疗肠炎，黄色粉末健脾胃。汤里加一点糖、盐，渴了喝汤，饿了捞豆吃。

生姜

夏季毛孔张开，食姜有利于湿寒气排出；加速血液循环，刺激胃液分泌，兴奋肠胃，促进消化；有抗菌作用。若淋雨着凉，拿五片生姜煮汤，放点糖。若胃口不开、有点恶心，煮点姜水，起到和胃止呕作用。但肺病、肠胃病、高热病、糖尿病和痔疮患者不适合吃生姜。

二、运动健康

夏季运动量不宜过大、剧烈，应以温和运动少许出汗为宜。汗为心之液，汗血同源。中医认为“五液”中，眼泪与肝（春）、汗液与心（夏）、口水与脾（长夏：夏秋之间的一个“季节”，五方居中、五行属土、五味属甘、五色属黄、五气属湿、五官属口、五情属思）、鼻涕液与肺（秋）、耳液与肾（冬）各自有关，因此，夏天出汗太多，心气就散了，这与夏季护心养生原则相违背。

炎夏游乐宜清幽，不可远途跋涉，应就近寻幽。早晨，曙光初照，空气清新，可到草木繁茂的园林散步锻炼，吐故纳新。傍晚，若漫步徜徉于江边湖畔，习习凉风会使人心静似水，神怡如梦，涤尽心头烦闷，暑热顿消。

（一）游泳

游泳是一种全身运动，两臂划水、两腿打水或蹬水，全身肌肉都得到锻炼，尤其是上肢摆动划水时，胸大肌、三角肌、肱三头肌是最直接受益部位。水流是一种天然的按摩，由于划水和打水都是紧张和放松交替的，游泳会使肌肉变得柔软而富有弹性，所以，常游泳能使身材匀称，身体线条流畅，最适合女性减肥塑身。

（二）慢跑

在夏天进行轻松的慢跑运动，能增强呼吸功能，可使肺活量增加，提高人体通气和换气能力，慢跑时所供给的氧气较静坐时可多 8—12 倍。慢跑运动可使心肌增强、增厚，具有锻炼心脏的作用。

（三）盛夏锻炼“五忌”

一忌强光下锻炼，中午前后气温最高，除游泳外，忌锻炼，谨防中暑。二忌时间过长，半小时左右为宜，以免出汗过多而引起中暑。三忌锻炼后大量饮水，大量饮水会给血液循环系统、消化系统增加负担。同时饮水会使出汗更多，盐分进一步丢失，引起痉挛、抽搐等症状。四忌锻炼后大量吃冷饮，锻炼使大量血液涌向肌肉和体表，而消化系统处于相对贫血状态。大量的冷饮不仅降低了胃的温度，而且也冲淡了胃液，轻则引起消化不良，重则导致急性胃炎。五忌锻炼后立即洗冷水澡：锻炼后体内热量增加，皮肤的毛细血管大量扩张以利于身体散热。突然过冷春季会使体表已开放的毛孔突然关闭，造成身体内脏器官紊乱，体温调节失常，以致生病。

三、疾病预防

（一）热感冒

流汗消耗大量能量，加上夏天胃口差，缺乏足够营养，体内抵抗力下降。另外，贪图凉爽、满头大汗时用冷水冲头或洗冷水澡、睡觉对着电扇吹个不停、长时间开空调，都可能引起夏季感冒的发生。

健康提示：注意多喝白开水，饮水要少量多次，一般每次以 200 ~ 300 mL 为宜，必要时可以喝点淡盐开水。睡眠对治疗夏季感冒有帮助，保证 8 小时的睡眠时间，晚上洗个温水澡可以帮助入眠。此外，膳食一定要合理，多吃青菜、番茄、黄瓜等维生素含量高的食物；多吃瘦肉，增加蛋白质。

（二）细菌性痢疾

肠道疾病是夏季的高发病，而细菌性痢疾是最常见的肠道传染病，它除了与苍蝇繁殖活动有关外，还和天热人们喜欢吃生冷食品引起肠胃功能紊乱有关。

健康提示：当天的食物不要放在第二天吃，天热很容易变质，细菌容易生长；打开的水果，如西瓜等要尽量吃完，不然用保鲜膜封好，放到冰箱保存，但是时间也不要超过 24 小时。

（三）老人“热中风”

炎热夏季，人体出汗较多，老年人体内水分比年轻人要少，加上生理反应迟钝，所以在夏天最容易“脱水”。“脱水”会使血液黏稠，这对患有高血压或心脑血管等病的老年人来说，无异于“火上浇油”，发生中风的几率自然增高。

健康提示：第一，要注意补充水分。老年人要做到“不渴时也常喝水”。第二，有过中风史的病人，家属要时时注意病人症状，一般来说，头昏头痛、半身麻木酸软、频频打哈欠等都是中风前的预兆。第三，防暑降温要适时适中，饮食结构要科学合理，多吃凉性食物如苦瓜、莲子等。“保驾”药物要有备无患。

四、《黄帝内经》论夏季健康

《黄帝内经》记载：“夏三月，此谓蕃秀。天地气交，万物华实。夜卧早起，无厌于日，使志无怒，使华英成秀，使气得泄，若所爱在外。此夏气之应，养长之道也。逆之则伤心，秋为痎虐。”

夏季三个月，是自然界万物繁茂秀美的时节。此时，天气沉降，地气升腾，天地之气相互交融，植物开花结果，长势旺盛。人们应该晚睡早起，不要厌恶白天太长，要保持情绪怡悦；不要愤怒，要使面容像含苞待放的花朵一样秀美。要宣泄气机，使其通畅自如，让自已精神饱满，对外界食物有浓厚的兴趣。这就是适应夏季的气候，保护长养之气的方法。如果违背了这些方法，就会损伤心脏，使得供给秋天收敛之气的能力减弱。这样的话，秋天就会患上疟疾。

五、古代人过夏天

（一）竹“电”扇

汉朝时候，西安工匠丁缓发明竹“电”扇——“七轮扇”，竹器做的大风扇，“一人摇之，众人皆凉。”

（二）避暑用具

“有眼无珠腹内空，荷花出水喜相逢。梧桐叶落分离别，恩爱夫妻不到冬。”唐代出现避暑用具“竹夹膝”，宋代改称“竹夫人”，苏轼有诗“留我同行木上坐，赠君无语竹夫人。”

（三）凉屋“空调房”

唐代长安出现很多“凉屋”（宋代称“凉殿”）：依水而建，引水沿屋顶流下形成水帘降温。明代，屋里打七口井，冬暖夏凉。清代建冰窖。

（四）古代“冰淇淋”

元代已经有了古代冰淇淋“冰酪”。马可·波罗吃了忽必烈给的冰酪，并学会了冰酪制作技术，传到意大利而普及欧洲。自制冰淇淋则是清代乾隆皇帝消暑的最爱。

（五）古代“冰箱”

春秋时期的青铜冰鉴，是中国古代最早的“冰箱”。清代乾隆时期制造的“掐丝珐琅冰箱”，1924 年被末代皇帝溥仪变卖，辗转流落到老中医陆观虎手中，其女陆仪 1983 年将其送归故宫博物院。

第三节　秋季健康*

秋天历经立秋、处暑、白露、秋分、寒露和霜降六个节气，并以中秋为气候转化的分界。《管子》云：“秋者，阴气始下，故万物收。”秋季阳气渐收，阴气生长，养生贵在养阴防燥，所以保养体内阴气成为首要任务，而养阴的关键在于防燥，这一原则应具体贯彻到生活的各个方面，“春夏养阳，秋冬养阴”。

一、饮食健康

（一）肉类

俗话说“秋季进补，冬令打虎”，可以吃些牛羊鸡肉以“贴秋膘”。初秋，

---

* 本节内容参考了 2013 年 4 月 8 日央视 4 台《文明之旅》栏目樊正伦先生主讲的“秋季话养生”。

气血刚从体外入内，体内不完全充盈，牛肉性平，食用牛肉比较好。牛肉炖白萝卜（放一点香菜、胡椒）是一道美餐，既开胃舒服、补养身体，又不至于吃得过胖。羊肉性热，深秋时羊已肥，最适合吃羊肉（寒露之前吃羊肉等于没吃，补不进去）。羊肉不要呆补，建议辅以大白菜、冻豆腐，效果更好。秋季进补，黄鳝也是不错的选项，不但补益力强，对人体血糖还有一定调节作用，烧鳝段、清炖黄鳝、炒鳝丝、黄鳝粥等均可。

（二）蔬菜

山药既为食物又为药物，药之上品（上补肺、中补脾胃、下补肾）。其特点是补而不滞、不热不燥，不论男女老幼、有病无病、体健体弱，都适合食用。山药因为其收敛作用，患感冒、大病燥结及肠胃积滞者忌用。另外，山药不能与甘遂、碱性药物、猪肝、黄瓜、南瓜、胡萝卜、笋瓜同食。初秋，用白扁豆煮粥或煎汤服，可消暑热、化暑湿、健脾胃、增食欲。生藕能清热生津止渴，熟藕能健脾开胃益血，“暑天宜生藕，秋凉宜熟藕，生食宜鲜嫩，熟食宜壮老”。苦瓜有清热祛心火，解毒，明目，补气益精的作用。秋食红枣，是滋阴润燥、益肺补气的清补食品，如能与银耳、百合、山药共同煨食，效果更好。

（三）水果

中医认为，人的五脏和自然界气候是休戚相关的。秋气与肺气相通，肺属金，肝属木，秋天肺气、金气旺盛以后，就会影响木气，使肝气受到压制，所以可多吃酸味食物，酸入肝，可减少杀厉之气对于肝的损伤。《千金方》早已提到：“秋七十二日，省辛增酸，以养肝气”。梨是秋季当令水果，味甘微酸、性寒，可以止咳、润肺凉心、消炎降火、解痰毒酒毒，能维持身体细胞的健康状态，帮助器官排毒、净化机体、软化血管、增强骨钙质，吃梨必须细嚼慢咽才能更好地被消化道吸收和利用，起到应有效果。吃梨还对厌食、消化不良、肠炎、慢性咽炎等有一定的辅助疗效。风寒咳嗽、脾虚、产妇慎食，梨利尿，夜尿频者睡前少吃。梨含果酸多，胃酸较多的人，不可多食。紫葡萄既酸又甜，可增加体内津液，以养肝气，是秋季当令水果。

（四）其他

花生富含维生素、蛋白质、脂肪、核黄素、不饱和脂肪酸和钙、磷等，《本草纲目》说：“花生悦脾和胃、润肺化痰、滋养补气、清咽止痒。”《药性考》

又说："食用花生养胃醒脾，清肠润燥。"可见花生对脾胃失调、咳嗽气喘、贫血、便秘、肠燥等都有很好的治疗作用，是一种老少皆宜的食品。红薯人称"土人参"，和花生同属当令食品。红薯低热量、低脂肪，是一种味美价廉的长寿食品。其味甘性平微凉，能生津止渴、润肺滑肠、补脾益胃、通利大便，还具有抗癌作用。秋季食用红薯可减肥，但红薯不可一次食用过多，否则会出现烧心、肚胀排气等症状。糖尿病人、胃溃疡和胃酸过多的人不宜食用红薯。

（五）饮食禁忌

秋季应少吃或不吃辛辣、生冷食物，如韭菜就不太适宜吃。酸苦甘辛咸五味中，韭菜属辛味，辛入肺。秋天肺气本身比较旺盛，如果再用韭菜的辛味增加肺的作用，人就会上火，所以秋季养生要注意"省辛增酸，以养肝气"。要减少像辣椒、大蒜、姜这一类的辛辣食物，增加酸性食物。立秋之后应尽量少吃寒凉食物或生食大量瓜果，多吃熟、温软开胃、易消化食物，以调理脾胃。秋季调理一定要注意清泄胃中之火，以使体内的湿热之邪从小便中排出，待胃火退后再进补。

二、运动健康

金秋时节，秋高气爽，是运动锻炼的好时期。此时机体活动随气候变化而处"收"的状态，阴精阳气也处在收敛内养阶段，所以秋季运动项目不宜过猛。

（一）登山

登山是一项集运动与休闲为一体的健身养生运动。登高可增强体质，提高肌肉的耐受力和神经系统的灵敏性。在登山的过程中，人体的心跳和血液循环加快，肺通气量、肺活量明显增加，内脏器官和身体其他部位的功能会得到很好的锻炼。登高还有助于防病治病。患有神经衰弱、慢性胃炎、高血压、冠心病、气管炎、盆腔炎等慢性疾病的病人，在进行药物治疗的同时，配合适当的登高锻炼，可以提高治疗效果。

（二）冷水浴

秋高气爽，气温、水温、体温比较接近。冷水对人体的刺激较小，所以此时最适宜开始冷水浴。冷水浴健身可以提高身体对寒冷的快速适应力，不易患因着凉而起的疾病，如感冒、支气管炎、肺炎等；同时冷水浴会促进皮肤与内脏间的血液循环，预防血管硬化及因此而引起的疾病，如冠心病及高血压病等；冷水浴还能使内脏血管包括消化道血管内血流量增多，增强消化系统功能。

（三）运动禁忌

秋日清晨气温低，锻炼时不可穿单衣去户外活动，应根据户外的气温变化来增减衣服。锻炼前一定要做好充分的准备活动，因为人体在气温下降的环境下，会反射性地引起血管收缩，肌肉伸展度降低，神经系统对运动器官调控能力下降，因而极易造成肌肉、肌腱、韧带及关节的运动损伤。锻炼时，衣服不宜一下子脱得太多，待身体发热后，再脱下多余的衣服。锻炼后不要穿着汗湿的衣服在冷风中逗留，以防身体着凉。

三、疾病预防

秋季气候干燥，气温多变，加之夏天人们的体力、精力消耗较大，体质相对较弱，所以要高度重视秋季疾病预防。

（一）预防时令病

秋天，从热到凉、从凉到寒，热没有完全退掉，这时容易出现肠胃道疾病，特别是肠炎和痢疾。中医治疗痢疾，一般用藿香正气丸配上香连丸（木香和黄连），黄连有明显的清热作用。秋中，燥气增加，这时最易闹燥咳，常表现为舌红、少痰、嗓子痒、咳不出痰。燥咳时，建议把梨核去掉，放一点川贝粉蒸来吃，润肺止咳，或者用一点秋梨膏，效果非常好。秋燥偏温时，可用清燥救肺汤、复方鲜竹汤；秋燥偏热时，可用二母宁嗽丸、止嗽散；秋燥偏寒时，可用止咳橘红丸。秋天是心脑血管疾病多发季节，据有关资料报告，秋末冬初时节，脑血栓、脑溢血发病率远高于其他季节。由于天气变凉，皮肤和皮下组织血管收缩，周围血管阻力增大，导致血压升高。寒冷还会引起冠状动脉痉挛，直接影响心脏血液供应，诱发心绞痛或心肌梗塞。因此，心血管病人要坚持服药，坚持进行力所能及的体育锻炼，积极防治感冒等，以避免诱发或加重心血管疾病。

（二）预防复发病

随着气血的变化，原有的疾病在秋季容易复发或者加重。首先要注意肝病，春养肺夏养肾，秋季要养肝。第二，患有高血压和心脏病的老年人要注意，秋天毛孔开始闭合，心脏负担加重，所以秋冬尤其是深秋时，心脑血管病人要注意防止疾病复发。第三，原来肺上有病如哮喘、气管炎，秋季容易发作，应及时找医生调理。中医认为，秋季是治病最好的季节。

（三）秋乏抑郁

乏不是困，是累或没劲儿。秋与肺气相通，肺主气。秋天气血从外向里走，肺把外面发散的气血向内调动。如果气血调动到里面，外面就会显得不足，所以秋天的乏，是体外气的弱化所致。如何应对呢？中医讲“春生夏长秋收冬藏”，所以秋天不要过度消耗肺气、不要过累，尤其是不能出更多的汗。若跑步大汗淋漓，就不利于肺气的秋收，只会增加秋乏；如果适当散步，走到疏通气血而又不伤正气，这样的运动和锻炼就能能缓解秋乏。秋天，秋高气爽，可以很好地和大自然接触，看金黄色的稻田、丰收的景象，使自己心胸开阔。心胸开阔了，就不会“已觉秋窗愁不尽，那堪秋雨助凄凉”、“秋风秋雨愁煞人”了。否则，终日郁郁寡欢，少语懒言，很容易患上抑郁症。

四、《黄帝内经》论秋季健康

《黄帝内经》记载，“秋三月，此谓容平，天气以急，地气以明。早卧早起，与鸡俱兴。使志安宁，以缓秋刑。收敛神气，使秋气平，无外其志，使肺气清。此秋气之应，养收之道也。逆之则伤肺，冬为飧泄，奉藏者少。”

中医讲“秋收”，一者秋天是丰收的季节，果实累累之后，树叶下落、不再茂盛；二者秋天自然界阴气越来越旺盛，阳气越来越不足，人要收敛自己的精神，让神气内收而非外泄，使它和秋天的气候相吻合。秋天，人不宜“生年不满百，常怀千岁忧”、“白发三千丈，缘愁似个长”、“只恐双溪舴艋舟，载不动许多愁”，而应“尽短苦夜长，何不秉夜游”、“临水使人开朗，游山使人幽静”。

秋天早睡，顺应阴精的收藏，有助于阴气往上的生长、保护好阴气、养肺阴。早起，可以舒达阳气，5—7 点肺气最旺盛，是养肺的最佳时间，肺主一身之气，如果这时候早起，会觉得整天都神清气爽。

第四节　冬季健康*

冬季从立冬开始，经过小雪、大雪、冬至、小寒、大寒，直到立春的前一天为止。冬三月草木凋零，冷冻虫伏，是自然界万物闭藏的季节，人体的阳气也要潜藏于内。由于阳气的闭藏，人体新陈代谢水平相应较低，要依靠生命的原动力“肾”来发挥作用，以保证生命活动适应自然界的变化。因此，冬季养生应养肾防寒、养阴平阳。

一、饮食健康

冬季，天地闭藏，气血归于内，体内处在一个非常充盈的状态，消化能力增强。饮食以滋阴潜阳、增加热量为主，“立冬进补，春天打虎”，并应养肾为先。孙思邈《千金方》说“冬七十二日，省咸增苦，以养心气”，所以冬季饮食，要遵循护肾养心、防寒养阴。

（一）肉类：狗羊鹅鸭鱼

冬季，肾既要为维持热量支出准备足够的能量，又要为来年贮存一定的能量，所以此时养肾至关重要。饮食上要时刻关注肾的调养，注意热量的补充，可多吃动物性食品和豆类，补充维生素和无机盐。狗肉、羊肉、鹅肉、鸭肉、鱼肉等均是冬季适宜肉食。比如鸭肉，性甘寒，对于阴虚火旺的人，即平常容易上火、手心脚心都热、五心烦热、口干舌燥、冬天燥热等症状的人就比较适合。如果一到冬天就四肢冰凉、出去怕冷、睡觉要多盖被子，说明阳气不足了，这时吃羊肉最好。

（二）素食：萝卜、油菜、苦苣、莴笋等

民谚说：“冬吃萝卜夏吃姜，不劳医生开处方”，“萝卜上了街，药铺不用开”。萝卜有顺气消食、止咳化痰、除燥生津、散瘀解毒、清凉止渴、利大便等功效，用萝卜、生姜、蜂蜜和水煎服，治咳嗽哮喘。白萝卜煎汤，可治伤

---

* 本节内容参考了 2013 年 12 月 23 日央视 4 台《文明之旅》栏目樊正伦先生主讲的“冬季话养生”。

风感冒；白萝卜汁和藕汁混合服下，治吐血便血等等，既简便又有效。心脏病人宜苦不宜咸，味咸增加心脏负担，苦入心有助心气。冬天吃肉后，吃点芹菜、白菜，有助于消化道的疏通，其他如油菜、苦苣、莴笋、苦瓜等苦味食物，也可以增加一些。苦瓜可以多吃一点，尤其是糖尿病人。

（三）黑色食物补肾

中医认为，黑枣性温味甘，具有补肾与养胃功效。黑木耳具有清肺益气、活血益胃、润燥滋补强身之效。黑木耳胶体具有较强吸附力，能够清洁肠胃，还含有核酸、卵磷脂成分，具有健美、美容、延缓衰老之效。它还是一种可溶性膳食纤维，能补血，高血脂、心梗、脑梗患者多食可溶栓，降低血小板数量。黑米具有健脾暖肝、补血益气之效，其维生素 B1 和铁的含量是普通大米的 7 倍，冬季食用对补充人体微量元素大有帮助，用它煮八宝粥时不要放糖。黑豆有暖肠胃、明目活血、利水解毒之效，也是润泽肌肤，乌须黑发佳品，富含优质蛋白、维生素 B 族和维生素 E，还含有核黄素、黑色素。对防老抗衰、增强活力、美容养颜有帮助。黑荞麦：可药用，具有消食、化积滞、止汗之效。除富含油酸、亚油酸外，还含叶绿素、卢丁以及烟酸，有降低体内胆固醇、降低血脂和血压、保护血管功能的作用，适宜糖尿病人、代谢综合征病人食用。黑芝麻：富含对人体有益的不饱和脂肪酸，其维生素 E 含量为植物食品之冠，可清除体内自由基，抗氧化效果显著，对延缓衰老、治消化不良和治疗白发有一定作用。

冬天补肾，若女性若精血不足，可以用一点六味地黄丸，补肾阴、补津液。男性如果阳气弱，晚上睡觉觉得脚冷、必须多盖一些，可以用桂附地黄丸，它是在六味地黄丸的基础上增加了热的附子和肉桂，来辅助人体阳气。另外，补肾要防“四大杀手”：

（1）饮料：改变人体酸碱度；

（2）咸食：盐多，血压升高，肾脏血液循环不能维持正常；

（3）浓茶：含氟高，肾是排氟主要脏器，氟堆积，加重肾负担；

（4）药物：喹诺酮类药物、氨基糖类抗生素，会损伤肾，甚至导致肾衰竭。

（四）红色食物养心

西红柿、胡萝卜、红薯、红辣椒等红色蔬菜，含有番茄红素、多酚类色素、花青素类等天然色素，还含有丰富的维生素、铁、多种氨基酸等营养成分，它们都具有抗氧化作用，同时还能降血脂，预防心脑血管疾病。红色水果有苹果、红枣、山楂、石榴等，它们富含钙和铁，多食可提高身体的御寒能力。牛羊肉，也属红色肉食，性温而不燥，具有补肾壮阳、驱寒、温补气血的功效。

二、运动健康

俗话说："冬天动一动，少闹一场病；冬天懒一懒，多喝药一碗"、"夏练三伏，冬练三九"。这说明，冬季坚持体育锻炼，非常有益于身体健康。

（一）耐寒锻炼

耐寒锻炼有益健康，对人体的心血管、呼吸、消化、运动、内分泌系统都有帮助，能减少冠心病、脑血管意外、感冒、咳嗽、关节炎、肥胖病等的发生。同时耐寒能使人长寿，对于年轻人来说，耐寒还可以锻炼人的坚强意志和顽强精神，应大力提倡。

（二）冬泳

冬泳是一项集防病、治病、健身、抗衰为一体的运动项目，它能显著增强体质、提高机体抵抗力和免疫力。冬泳时，冷水刺激可使人体血管不断收张，从而锻炼血管的弹性，起到防止和延缓动脉硬化发生与发展的作用，对预防并缓解中老年人高黏滞血症效果明显。冬泳的冷刺激，还可以调整中枢神经系统兴奋和抑制的平衡，有利于人体植物神经系统的功能改善。身体对冷刺激有一定的适应能力，才可冬泳。冬泳前必须做充分的准备活动，待身体发热后方可下水。初练时，下水时间不宜过长，每次游 10 米即可，在此基础上逐步增加。人体受冷水刺激后皮肤颜色不断改变：苍白色，浅红色，紫红色。紫红色是冬泳的危险信号，此时，冬泳要立即停止。出水后马上用干毛巾擦干，直至皮肤发红为止。冬泳最多每天一次或隔日一次，必须持之以恒，冬泳后，不要饮酒取暖。

（三）跳绳

冬天，当您不愿到室外进行锻炼时，不妨在家里跳跳绳，这项活动简单易行，但健身效果极佳。跳绳可以显著改善双脚的控制能力和协调能力。双手转动绳子时，可锻炼肩关节和腕关节。随着跳动的节律，心血管系统和呼吸系统得到锻炼。此外，跳绳还是一项有效减肥的运动。对于孩子们来说，雪地跳绳则有着更多的乐趣。

（四）按摩涌泉穴补肾

脚上三分之一、脚下三分之二的分界处，有一个三角窝，窝的中心是涌泉穴。每天晚上洗完脚，用左手大拇指，在涌泉穴上按摩，左右脚各边按摩九十次，有助于疏通肾气，还可以缓解疲劳，增强体质。足疗，可以促进体内血液循环和新陈代谢的加快，可以美容护脑，改善睡眠。

（五）冬季运动禁忌

感冒或发烧时，千万不要从事剧烈运动！否则，会加重病情，甚至诱发心肌梗色塞或心肌炎。不要忘记做准备活动。因为在寒冷条件下，人体肌肉僵硬，关节灵活性差，易发生肌肉拉伤或关节挫伤。运动强度要得当，速度由慢到快逐渐增加。用鼻而非口呼吸，因为经过鼻子过滤后的冷空气，既清洁、湿润，又不过冷，这样对呼吸系统能起到良好的保护作用。

三、疾病预防

（一）防感冒

冬天是流感多发季节，这不仅仅与病毒有关，也和人体气血的周流有关。尤其是小孩，更应该防止感冒。俗话说："要想小儿安，常带三分饥和寒。"要预防小孩感冒，第一别让孩子吃得太饱；第二不要捂得太多。

（二）防脚

俗话说："冬至前后，老天爷收人守候"、"年关年关，过年像过关"。孝顺儿女冬天多陪老人说说话，晚上睡觉前给老人用温水泡泡脚，"寒从脚底起"、"人之有脚，犹似树之有根，树枯根先竭，人老脚先衰"。

（三）防冻疮

冻疮常常发生在手、脚、耳等部位，一般只有红、肿、痛的症状，严重的可能起水泡，甚至溃烂。冻疮预防应从秋末冬初开始，容易发生的部位要提早保暖。可在皮肤上涂些油脂，以减少皮肤的散热；要增加手脚的活动量，加速血液循环；鞋子穿得不宜过紧；平时可用冷水洗脸、洗手、洗脚，以增强这些部位的抗寒能力。入冬前，可吃些辣椒、生姜等辛热食物，加快血液循环，增强卫外能力。若已冻疮，要用雪水或凉水敷患处，让它慢慢恢复过来。切不可用热水敷，因为冰箱里冰冻的东西用热水解冻，它就烂了。

（四）睡前两件事

第一，用双手手指按摩头皮，长期坚持可疏通头部气血，消除大脑疲劳，有助睡眠，同时还可促进发根营养吸收，保护头发，减少脱发。

第二，要想暖暖地睡个好觉，一个简便有效的方法就是泡脚。脚堪称人的“第二心脏”，五脏六腑在脚部都有对应的反射区，其保健养生非常重要。由于脚离人体心脏最远，不容易得到养分与血液，所以很多女性和阳虚体质者冬季总是手脚冰凉。建议这类人群每天睡觉前用 40 ~ 50 °C 的温水泡脚，并揉搓脚心和各个脚趾，可以刺激脚部血液循环，促进周身的新陈代谢，对养生大有裨益。

（五）“候老”不宜南飞

北方富裕的孝顺儿女，冬天把老人从北方“运”到南方，住海南阳光明媚的“二房”，避寒取暖，您怎么看？中医说，“冬不藏精，春必病温。”冬天与肾气相通，肾主水、藏精、储存能量，为春天的生发作准备。北方人冬天住三亚，肾气不能闭藏，精气过多消耗，来年春天容易生病。

四、《黄帝内经》论冬季健康

《黄帝内经》记载，“冬三月，此谓闭藏。水冰地圻，无扰乎阳。早卧晚起，必待日光。使志若伏若匿，若有私意。若已有得，去寒就温。无泄皮肤，使气亟夺，此冬气之应，养藏之道也。逆之则伤肾，春为痿厥。”

冬季三个月，是生机潜伏、万物蛰伏的季节。此时，水寒成冰，大地冻裂，人们勿要扰乱体内的阳气，应该早睡晚起，等到太阳出来时再起床。要使思想情绪平静伏藏，好像心里很充实又不露声色。心中好像感到非常满足，还要躲避寒冷，保持温暖。不要使皮肤开泄出汗令阳气耗损。这就是适应冬天的气候来保养人体闭藏之气的方法。如果违背了这些方法，就会损伤肾脏，使得供给春生之气的能力减弱。这样的话，春天就会发生痿厥病。

小知识：《冬季保健拍手歌》

你拍一，我拍一，冬季养肾排第一。你拍二，我拍二，煲汤加点胡椒面。你拍三，我拍三，三大食材入三餐。你拍四，我拍四，睡前做好两件事。你拍五，我拍五，中药膏方补一补。你拍六，我拍六，记得开窗把风透。你拍七，我拍七，上薄下厚护三区。你拍八，我拍八，轻轻松松把筋拉。你拍九，我拍九，养生黄酒呷几口。你拍十，我拍十，早睡晚起要守时。

注："你拍三"中的三大食材；大白菜、胡萝卜缨、葱白。开着暖气，皮肤水分流失更快，多吃大白菜可以护肤养颜。胡萝卜缨是含钙量极高的蔬菜，每 100 克胡萝卜缨，含钙 350 毫克，非常适合缺钙的人群。葱白益气通阳，有助于预防和辅助治疗风寒感冒。

第六章　休闲：中国节日文化之旅

传统节日的形成，是一个民族或国家的历史文化长期积淀凝聚的过程，其形式多样，内容丰富，博大精深。自2008年起，清明、端午和中秋节被列入中国法定假日，它们和假期更长、节庆更浓的春节一起，构成中国传统文化四大节。本章主要从节日起源、饮食与习俗等方面逐一简介春节、清明节、端午节和中秋节，以传承和发扬中国传统节日文化，丰富国民精神文明生活。

第一节　春节之旅*

春节是指汉字文化圈传统上的农历新年，又称新年、大年，俗称“过年”，是中华民族最隆重的传统佳节。作为中国最盛大、最热闹、最重要的古老传统节日——春节，于2006年被列入中国第一批非物质文化遗产名录。

一、春节起源

夏、商、周、秦朝，分别用孟春元月、腊月（十二月）、冬月（十一月）、十月为正月，作为一年的开始（第一个月）。汉朝初期沿用秦历，公元前104年，经司马迁等人提议，汉武帝改定历法为天文学家落下闳、邓平等人制订的《太阳历》，仍以孟春正月为岁首。后人在此基本上逐渐完善为当今使用的阴历，落下闳也被称为“春节老人”。

（一）源于祭祀

甲骨文记载，商王祭祀祖先，对先祖（包括其配偶）一代一代地祭祀，

---

* 本节内容参考了2013年1月21日、1月28日、2014年1月27日央视4台《文明之旅》栏目舒乙教授、李汉秋先生、彭林教授主讲的“春节与旅行——春节的吃喝玩乐”“我们的中华年”“过年的学问”。

要用五种方法轮流祭，祭完一圈，时间大约需要三十六至三十七旬（平均三百六十五天），于是把这个时间长度称为“祀”，一年为一祀。“惟王六祀”，即为惟王六年之意。

商朝时，“年”字已经不断出现，但在甲骨文中，“年”是会意字，上半部是“禾”、下半部是“人”（：人负禾苗状），意思是“谷熟也（西周《说文》之《禾部》）”，否则为“荒”。若得到收成、有个好年成，即为“有年”了，叫受年。周朝时，改“祀”为年，沿用至今。

（二）“年”的传说

古时候，有一种叫做“年”的凶猛怪兽，每到腊月三十，便窜村挨户，觅食人肉，残害生灵。有一个腊月三十晚上，“年”到了一个村庄，适逢两个牧童在比赛牛鞭子。“年”忽闻半空中响起了啪啪的鞭声，吓得望风而逃。“年”窜到另一个村庄，又迎头看见一家门口晒着一件大红衣裳，“年”不知其为何物，吓得赶紧掉头逃跑。“年”又来到了一个村庄，朝一户人家门里一瞧，只见里面灯火辉煌，刺得它头昏眼花，只好又夹着尾巴溜了。人们由此摸准了“年”有怕响、怕红、怕光的弱点，便想到许多抵御它的方法（如放鞭炮），于是逐渐演化成今天过年的风俗。

关于“年”还有一种说法。

古时候，有一个怪兽“年”，头上长着角，住在深山里，会计数。每隔 365 天，“年”就跑到村落里吃人。有一个老奶奶，每年这一天只有她不逃离村庄，“我就要看看它长啥样，看它吃我不吃”。于是，老人穿上红衣红裤，把火塘烧得旺旺的，用一个桃木的拨火棍，把火烧得噼噼啪啪地响，一边烧，一边用桃木棍敲打着火塘的石头。“年”来了一看：红光、响声，撒腿就跑。天亮后，全村的人以为老人被吃掉了，回来探望。只见老人坐在火塘边，在吃糯米做的年糕，大家非常高兴，彼此来传递这个好消息，这样就演变成拜年，把“年”赶跑了。

二、春节饮食

视频：中国人的年夜饭

（一）年夜饭

春节饮食“三特点”：第一，春节才吃。比如老北京人，春节才吃芥末墩儿、小酥鱼、二冬（冬笋和冬菇）。笔者老家，过年前后几乎不吃青菜，就等着春节团圆饭上吃，以寓意“一年清清（青青）洁洁、平平安安”。春节不同于普通假日，假日里大家爱干啥干啥，旅游、下馆子、睡觉等，但春节有其社会含义和固定的价值取向：家庭团聚和敬老尊祖。第二，自己动手。孝敬父母，就要自己动手准备年夜饭，至少相当部分地参与到年夜饭准备当中，俗称一起“忙年”。第三，提前准备。解放母亲，让妈妈们歇着，平时因为工作关系没有太多时间尽孝父母，这时让年老的父母尽收儿女孝礼，好好过年。年三十以及初一到初五，过去讲究不动刀子和剪子，大家提前做准备，储存菜肴，端上来端下去，让妇女歇着。

（一）春节食品童谣

至少三十年前，越临近春节，尤其是腊月二十开始，流行春节食品童谣。尽管有押韵的考虑，但确确实实存在这样一个现象：家家户户都在“忙年”、“忙吃的”。比如老北京的食品童谣是这样唱的：腊月二十三，糖瓜粘；腊月二十四，扫房子；腊月二十五，炸豆腐；腊月二十六，煮白肉；腊月二十七，杀公鸡；腊月二十八，把面发；腊月二十九，蒸馒头；三十晚上熬一宿；大年初一扭一扭。

笔者老家张家界市慈利县的春节食品童谣则是这样唱的（用本地方言唱更有韵味和年味）：腊月二十二，炒爆米；腊月二十三，炸猪肝；腊月二十四，砍扎刺；腊月二十五，煎豆腐；腊月二十六，炸酥肉；腊月二十七，杀年祭（年猪）；腊月二十八，打糍粑；腊月二十九，煮猪首；腊月三十，过大年（也有“屙干屎”一说）。

（二）腊八粥

南北朝时，正式有了“腊八节”。这天要祭祀祖先和神灵，祈求丰收和吉祥。这天大家也开始喝腊八粥。据说，佛教创始人释迦牟尼这天在印度恒河边上、菩提树下的大青石上躺着，忽见一颗星星下来，于是悟出“缘起性空”。此时他已虚脱，出了一身汗，一牧羊女提着一罐粥和羊奶送给佛祖吃，佛祖吃后精神爽快，了解了此岸和彼岸的真理。因此腊八也是佛教徒的节日，称为“佛成道节”。

“腊八”本是传统节日，又是年节的前奏，可以说腊八节拉开了春节的序幕。“小孩小孩你别馋，过了腊八就是年”、“吃了腊八饭，就把年来办”。腊八节后，春节将至，人们便开始购置年货，打扫卫生，布置居室，以崭新的面貌迎接“年”的到来。

（三）年夜饭之“老北京芥末墩儿”

找那种抱得比较紧，长得比较长的白菜，把它切成墩儿，然后最重要的是，用热开水浇它，这样才脆，放到水里烫则是软的，这是做北京芥末墩儿的关键。开水浇三回后，然后浇几样东西：很好的芥末粉撒上、选一瓶特别特别好的醋浇上、再找很好的白糖撒上，这样来三层后，基本上容器就够了，然后赶快把它盖上，用大被窝包上，这个热气能把那个芥末渗透到白菜叶里面，这么捂着、保持一定的温度，大概两到三天后，打开就可以吃了。

汪曾祺说：“全北京最好吃的芥末墩儿在舒家（著名作家老舍先生的后人家里）。”芥末墩儿为什么受欢迎呢？过年的时候，一般都比较油腻，芥末墩儿完全是素的、绿色的、酸的、甜的、辣的、凉的、脆的，大鱼大肉之后突然来个芥末墩儿，不得了，一抢而光！其实从健康、营养的角度来说，平时大家已经吃得很好了、很营养了，过年也就是个与平常不一样的吃味儿，团圆、喜庆和热闹！

（四）饺　子

北方年夜饭有吃饺子的传统，表达人们辞旧迎新之际祈福求吉的愿望。按照我国古代记时法，23 时至 1 时为子时，“交子”即新年与旧年相交，饺子就意味着更岁交子。另外饺子形状像元宝，包饺子意味着包住福运，吃饺子象征生活富裕。

（五）年　糕

春节吃年糕，“义取年胜年，籍以祈岁稔”，象征“收成一年比一年高，境界一年比一年高”。年糕的种类，北方有白糕饦、黄米糕；江南有水磨年糕；西南有糯粑粑；台湾有红龟糕。

（六）元　宵

中国北方叫“元宵”，南方多叫“汤圆”。在江苏、上海等地，大年初一早晨都有吃汤圆的习俗。元宵节，道教称之为“上元节”。

据元代伊土珍《（女郎）环环记》引《三余帖》记：嫦娥奔月后，羿思念成疾。正月十四日夜忽有童子求见，自称嫦娥之使，童子对羿说：“夫人知君怀思，无从得降，明日乃月圆之候，君宜用米粉作丸，团团如月，置室西北方，叫夫人之名，三夕可降而。”羿如法而行，嫦娥果然降临。可见元宵节吃元宵，是取“团团如月”的吉祥之意。

健康小提示：健康守则

春节过年，大家固然要吃好、吃热闹，但更要吃营养、吃健康、吃安全。因此，要做到第一，勿暴饮暴食。每餐只能吃八分饱，不可吃得太撑。在食物方面，五谷主食不可少。多吃富含纤维素、维生素的新鲜蔬菜、水果，以促进胃肠蠕动，加快体内有害物质的排泄过程。第二，零食宜节制。拒绝陷阱食品：麻佬、糖果、瓜子、花生等食物热量不低，别边看电视边吃这些东西，不知不觉中吃了令人肥胖的热量。第三，多喝茶或白开水。每日饮水（含汤）至少 6 碗（杯），每碗（杯）以 250 毫升计算。喝饮料则不要加糖，充足的水分可以改善便秘，高血压的人特别要注意。当然，水分也可促进体内废物排泄，对肾脏和泌尿道结石的预防和治疗有帮助。

三、春节习俗

（一）贴春联

春联也叫门对、春贴、对联、对子、桃符等，它以工整、对偶、简洁、精巧的文字描绘时代背景，抒发美好愿望，是中国特有的传统文学形式。每逢春节，无论城市农村，家家户户都精选一幅大红春联贴于门上，为节日增加喜庆气氛。

五代时期，后蜀主孟昶“天地纳余庆，佳节号长春”，是我国最早的一副对联。清华大学历史系彭林教授，对他小时候看到的对联“易曰乾坤定矣，诗云钟鼓乐之”终生难忘。春联一般“右上左下（观联者面对大门的方向）”，上联尾字是仄声（三或四声）、下联尾字为平声（一或二声），比如赞誉灶王爷“上天言好事，回宫降吉祥”。

（二）挂福字

民间习俗过年时，把“福”字倒贴在门上，借“福倒了”谐音“福到了”，以图吉利。在春节联欢晚会上，也时有倒写“福”字的舞台背景。传说在清代，有一年过春节时，恭亲王府的管家挖空心思讨好恭亲王的福晋（王妃），于是让人在门上贴了一个大大的福字。下人不小心贴倒了，王爷大怒，管家生怕自己受牵连，急中生智跟王爷说“王爷王妃寿高福大造化大，所以福‘倒’了，福真的到了。吉语说千遍，金银增万贯。”由此，便有了倒贴福字的习俗。

著名演员王铁成（饰演周恩来）说，“福”字要贴在影壁上（打开大门之后的影壁墙）；民俗专家冯骥才说，“福”字不能贴在大门上，到了大门口就进不去了，要进门后上炕，揭开被子，下面有个压炕的箱子，贴在箱子上，此所谓“福：深入家庭，登堂入室”。

（三）贴门神

图 16　神荼和郁垒

春节贴门神，源于《山海经》传说：东海有座山，山上有棵巨大桃树，枝干弯弯曲曲、绕来绕去几千里。树底下有两个丑人，一个叫神荼，一个叫郁垒，桃树东北方有一门，所有的鬼都从此门进出，他俩一眼能认出鬼的好坏。若是坏鬼，兄弟俩就用芦苇搓的绳子捆起来，让老虎吃掉。这样一来，所有坏鬼、恶鬼都非常怕他们。老百姓就从这个故事里面，得到一个启发，于是在门口弄两个桃木做的木片，把神荼和郁垒的像画在上面，有的上面还挂一根芦苇索。

据说唐朝李世民在生病时一到晚上就听到鬼在门口嚎叫，非常恐惧睡不着觉。大将秦叔宝（秦琼）和尉迟恭（尉迟敬德）于是决定给皇上守夜，他们站在寝宫门口（尉迟恭拿着钢鞭、秦叔宝拿着铁锏）。李世民于心不忍，于是让画家阎立本将二人画像画在门上，门神便逐渐演变成了秦叔宝和尉迟恭。

图 17　尉迟恭与秦叔宝

（四）玩爆竹

中国民间有“开门爆竹”一说。即在新的一年到来之际，家家户户开门的第一件事就是燃放爆竹，以“哔哔叭叭”的爆竹声除旧迎新。爆竹是中国特产，也称“爆仗”、“炮仗”或“鞭炮”。其起源很早，至今已有两千多年的历史。放爆竹可以创造出喜庆热闹的气氛，是节日的一种娱乐活动，可以给人们带来欢愉和吉利。

随着时间的推移，爆竹应用越来越广泛，品种花色也日见繁多，每逢重大节日及喜事庆典如婚嫁、建房、开业等，都要燃放爆竹以示庆贺，图个吉利。湖南浏阳、广东佛山和东尧、江西宜春和萍乡、浙江温州等地是我国著名的花炮之乡。但是近些年来，随着城镇化进程的加快、空气污染程度的加大，为了保护城市环境和空气质量，无论春节还是平时，城区及城郊地带都不允许燃放鞭炮。

（五）守　岁

旧年最后一天夜里（除夕，至少到晚上十二点前后）不睡觉，熬夜迎接新一年的到来，因此叫除夕守岁，俗名“熬年”：每到这天晚上，每家每户都提前做好晚饭，熄火净灶，再把鸡圈牛栏全部拴牢，把宅院的前后门都封住，“躲”在屋里吃“年夜饭”。由于这顿晚餐具有凶吉未卜的意味，所以置办得很丰盛，除了要全家老小围在一起用餐以示和睦团圆外，还须在吃饭前先供祭祖先，祈求祖先的神灵保佑，平安地度过这一夜。吃过晚饭后，谁都不敢睡觉，挤坐在一起闲聊壮胆。

守岁习俗兴起于南北朝，梁朝不少文人都有守岁诗文，“一夜连双岁，五更分二年”。人们点起蜡烛或油灯，通宵守夜，象征着把一切邪瘟病疫照跑驱走（所以守岁的“岁”本为邪祟的“祟”），期待着新的一年吉祥如意。这种风俗被人们流传至今。

守岁的一个重要活动是长辈给小孩“压岁”礼，以避邪驱鬼，保佑平安。最早的压岁礼不是给钱到手上，而是把一串古铜钱挂在小孩的床脚，如果妖魔鬼怪来了，碰到铜钱就叮当响，就会被吓得赶紧跑。后来演变成把纸币压在小孩的枕头底下，保护孩子睡觉，平安地成长。

（六）跪拜作揖

春节，晚辈要先给长辈拜年（行跪拜礼、磕头），祝长辈长寿安康。古代跪拜或磕头，一般只有一次，跪拜天子、国君或天，拜两次，叫“再拜”。汉族地区喜欢双数，有人拜孔子四次，以示诚意。满族人喜欢三六九，入关后，祭天、跪拜沿袭了最高等级的三跪九叩。关于跪拜，《大戴礼记（《礼三本》）》讲，一拜天地（管“生”，天地之气生万物，所以对天地要有感恩、敬畏之情：三尺之上有神明、天知地知你知我知、不知天理恐遭天谴）；二拜先祖（管“出”，类之本，不忘根：五百年前是一家、亲戚仅三代家族万万年）；三拜君师（管“治”，群体性组织，需要教育和领导）。

春节拜年，晚辈给长辈行跪拜礼。平辈之间作揖即可：两只手，沓手，前后相接；男子左手在前右手在后、女子右手在前左手在后，两个大拇指相抵（古代称“相拄”）；要有恭敬心、内心要诚，作揖要深、要圆，眼睛望着对方，恭恭敬敬地、慢慢地弯下腰去作揖。

（七）逛庙会

庙会是一种群众性的大型文化活动场所，可以游走、互动、群众参与。庙会中的两个图景往往让人印象深刻。一个是孩子骑在爸爸肩膀上，兴高采烈地东张西望，有的吃着冰糖葫芦、有的拿着风车高兴地玩；另一个是老人坐在轮椅上，由晚辈推着逛庙会。一背一推之间，逛庙会就在传承着对中青年对父辈的孝敬与晚辈的关爱，传承着中国传统文化的昨天、今天与明天，传承着中国博大精深文化传统与现代。

庙会应有富有地方特色、最高级、最具影响力的非遗项目，如舞龙灯、踩高跷、扭秧歌、皮影戏等。佛山舞狮表演、山东芯子、张家界阳戏等极具地方特色，往往人山人海、万人空巷，观者会心潮澎湃，赞叹不已，回味无穷。

四、外国人过中国春节趣事

（一）美国人放鞭炮

美国主持人爱华 1988 年搬家到中国，1989 年第一次过中国春节，和妈妈一起放长串、长方形红纸包着、圆饼状的鞭炮。爱华妈妈特喜欢红色“鞭炮蛋糕”，也不拆开、摊开，把“蛋糕”放地上，直接上去点“蜡烛”。“轰，那个响啊，天啦，跟炸药真的没有任何区别，还以为地上炸出了一个大坑”、“非常危险，把妈妈吓坏了”。

（二）喀麦隆人的鞭炮情节

喀麦隆人揭盖 2004 年第一次在中国过春节，印象最深的是放鞭炮。揭盖觉得特别吓人，因为国外放烟花一般只有几分钟，顶多一两个小时。但中国放鞭炮是一通宵，第二天还继续放。因为不懂中国春节和鞭炮的意义，一开始他觉得受不了，习惯之后觉得挺热闹。有一年回喀麦隆过年，突然非常安静，很不习惯，安静得有点害怕了，已经不适应自己国家的过年了。另外，有意思的是，喀麦隆人春节说“新年快乐”，因同“散步去喽”。

（三）爱尔兰人眼中的春节

爱尔兰人董默涵（央视“希望英语”某节目主持人）认为中国春节就是围绕着吃，或准备吃，或者正在消化中准备第二顿。他说：“对我们而言，实际上上午十点半就算中午了，就开始吃了，一直吃到下午一点。刚吃完，就开始为了晚餐收拾桌子。这个所谓的晚餐，从下午三点开始吃，吃到差不多下午六、七点，只是吃得慢，因为量多。”“终于吃完了，就开始喝酒，然后看春晚。真可爱的春晚，然后基本上用春晚来消化。幸好春节就是一年一回，因为差不多有十一个月来消化掉那一整天和晚上所吃的量。”

第二节　清明之旅*

清明节又叫踏青节，在仲春与暮春之交，冬至后的第 108 天，是中国四大传统节日之一，也是最重要的祭祀节日之一，是祭祖和扫墓的日子。

一、清明起源

（一）寒食节与介子推

春秋时期，晋文公重耳继位之前，被人迫害，颠沛流离几近饿死，随臣介子推在一偏僻处割小腿肉和野菜熬成汤给重耳吃。重耳继位后赏赐群臣，唯独忘了介子推，经人提醒才想起来，发现介子推早已隐退山林。重耳于是带领群臣到绵山寻介子推（品质高洁，可共患难不愿共享富贵，背着老母亲归隐）不得。有人给晋文公出了个馊主意，三面烧山，逼出介子推。最后发现他和老母亲二人相拥、烧死在绵山一老柳树下。

晋文公后悔不已，装殓介子推时，从柳树洞里发现一片衣襟，上写"割肉奉君尽丹心，但愿主公常清明"。为纪念忠臣，晋文公将这一天定为寒食节，禁烟火和热食。第二年晋文公登山祭奠（寒食节从此成为古人祭扫的日子），发现老柳树死而复活，便赐老柳树为 "清明柳"，并晓谕天下，把寒食节的第二天定为清明节（《岁时百闻》：万物生长此时，皆清节而明净，故谓之清明）。

（二）与寒食节合并

寒食节发展到唐朝，慢慢与清明节两节合二为一。寒食节是冬至后的第 105 日，清明节则是第 106 日，唐高宗李治禁止寒食、清明两节娱乐，认为祭祀之后欢乐踏青是对先祖不敬，于是禁过清明。之后高宗之孙、唐玄宗李隆基顺应民意，将两节合二为一。韦应物有诗"清明寒食好，春园百卉开"、白居易有诗"乌啼鹊噪昏乔木，清明寒食谁家哭"。

---

* 本节内容参考了央视 4 台《文明之旅》栏目 2013 年 4 月 1 日于丹教授主讲的"话清明"，2014 年 3 月 21 日和 2015 年 3 月 30 日梅毅先生主讲的"杏花春雨话清明"和"书里画外说清明"。

宋元时期，清明节逐渐由附属于寒食节的地位，上升到取代寒食节的地位。民国时期，清明节增加了植树习俗，将民间行为加以官方确认。

（三）上巳节与清明

上巳节是汉族传统节日，汉代以前为夏历三月第一个巳日，魏晋改为三月三。这一天人们要结伴去水边沐浴，称为“祓禊”，此后又增加了祭祀宴饮、曲水流觞等内容。

上巳节本身是纪念黄帝的，三月三是黄帝的生日。这天有很多娱乐活动，比如东晋大书法家王羲之与一众文人雅士过节，溪边喝酒作词，三杯酒下肚创造了千古流传的《兰亭集序》；《西游记》第五回中，三月三上巳节，王母娘娘天宫大办蟠桃宴，齐天大圣孙悟空因未受邀请，恼羞成怒，私闯蟠桃会，引发后来的大闹天宫。

上巳节过完很快是清明节，后来的发展逐渐合二为一了。唐代诗人王维《寒食城东即事》：少年分日作遨游，不用清明兼上巳。唐代清明假期越来越长，一开始四天，到“诗鬼”李贺生活的年代，达到七天。到宋代，真正的上巳节完全合到清明节了。

（四）节气兼节日

二十四节气是中国古代天文学家和民众在生活和生产实践中总结出来的气候规律，比较适宜地反映了一年四季气温、物候、降雨等方面的变化，对人们依时安排农耕、蚕桑等活动有不可或缺的指导意义。到了清明，气温变暖，降雨增多，正是春耕播种的大好时节。所以清明对于古代农业生产而言是一个重要的节气。农谚说“清明前后，点瓜种豆”、“植树造林，莫过清明”。

融汇了上巳和寒食两个古老节日精华的清明节，终于在宋元时期形成一个以祭祖扫墓为中心，将寒食风俗与上巳踏青等活动相融合的传统节日。战国时期，已确定八节气：立春、春分；立夏、夏至；立秋、秋分；立冬、冬至。秦汉时二十四节气已完全成熟，但是真正从节气变成节日，只有清明节。

二、清明饮食

（一）馓　子

馓子为一油炸食品，香脆精美，古时叫“寒具”。寒食节禁火寒食的风俗在我国大部分地区已不流行，但与这个节日有关的馓子却深受世人的喜爱。

现在流行于汉族地区的馓子有南北方的差异：北方馓子大方洒脱，以麦面为主料；南方馓子精巧细致，多以米面为主料。在少数民族地区，馓子的品种繁多，风味各异，尤以维吾尔族、东乡族和纳西族以及宁夏回族的馓子最为有名。

（二）子推馍

为纪念介子推而得名，是一种典型的北方面食，又称“老馍馍”，类似古代武将的头盔，重 250 ~ 500 克。里面包有鸡蛋或红枣，上面有个顶子。顶子四周贴面花。面花是面塑的小馍，形状有燕、虫、蛇、兔或文房四宝。圆形的“子推馍”是专给男人们享用的，已婚妇女吃条形的“梭子馍”，未婚姑娘则吃“抓髻馍”。

孩子们有燕、蛇、兔、虎等面花。“大老虎”专给男孩子吃，也最受他们喜欢。父母用杜梨树枝或细麻线将各种小面花串起来，吊在窑洞顶上或挂到窗框旁边，让孩子们慢慢享用。风干的面花，能保存到第二年的清明节。

（三）清明果

浙江南部各地采摘田野里的棉菜（又称鼠曲草），中草药书上称“佛耳草”，有止咳化痰的作用，拌以糯米粉捣柔，馅以糖豆沙或白萝卜丝与春笋，制成清明果蒸熟，其色青碧、苍翠欲滴，吃起来格外有味。

（四）乌稔饭

将采摘下来的乌稔树叶洗净，放入清水中煮沸，捞掉树叶，然后将糯米浸泡在乌稔汤中，浸泡 9 小时后捞出，放在蒸煮笼里蒸煮，熟时即可食用。“乌稔饭”从外表看，不甚美观，颜色乌黑，然而米香扑鼻，香甜可口，与一般糯米饭相比，别有一番风味。

（五）青精饭

这种青团子是在糯米中加入雀麦草汁舂合而成，馅料则多为枣泥或豆沙。放入蒸笼之前，先以新芦叶垫底，蒸热后色泽翠绿可爱，又带有芦叶的清香，是很受欢迎的清明节食品。李时珍形容“此饭乃仙家服食之法”，据说道士吃后可助成仙。杜甫洛阳相遇李白，写诗《赠李白》：“野人对腥膻，蔬食常不饱。岂无青精饭，使我颜色好。”

（六）润　饼

润饼主要为闽南地区食品，润饼的由来与一故事有关：明朝儒将蔡复一，一生戎马生涯。蔡夫人特别心疼他，见丈夫经常一天吃不上一顿饭，为了营养其身体，便把鸡肉、鱼肉、葱、姜、青菜等剁成丁，用油炒过，再用薄薄的饼夹起来，每次丈夫公务繁忙之际，就一口一口喂他吃。所以润饼也跟爱情有关。

三、清明习俗

著名文化学者梅毅先生把清明分三种：一是生命清明，体现在祖先墓前拜祭；二是生态清明，锻炼身体，强健体魄，植树造林，保护环境；三是政治清明，从介子推开始，这种功不言禄的高尚情操，代表了千百年来中国人民对政治清明的一种期盼。清明节有哪些习俗呢？

（一）祭扫

《孟子》记载了一个寓言故事：齐人有一妻一妾而处室者，其良人出，则必餍酒肉而后反。卒之东郭墦间，之祭者，乞其余。等夫人们回家还吹牛皮，“你看别人老请我吃饭，我人缘多好！”这可能是最早的祭扫记载。

1. 祭扫程序：首先扫墓，将墓园打扫干净；其次是祭祀，一是寄托哀思，二是与先人相感，因为山有灵而无主，先人有主而无灵，与先人相感可以更好得到山川的灵气、风水。扫墓时，携带供品、财帛等物品到墓地，将食物供祭在先人墓前，再将财帛焚化，为坟墓培上新土、修整，坟墓上边压些纸钱，让他人看了，知道此坟尚有后人，然后叩头行礼祭拜。这样，完成了祭扫程序：修正墓地—上香—上供—敬烟酒—拜祭—放炮—彻供。

2. 烧纸钱的来历：传说，东汉蔡伦发明造纸后，一徒弟为了推销纸，有一天诈死，徒弟的老婆告诉别人说：“你看我把这纸烧成钱，贿赂给鬼神，能把我老公给放回来，老公在那儿挺‘尸’，纸一烧，竟然‘活’过来了。”唐代《封氏闻见记》记载：秦汉之前埋玉璧、玉圭、高级帛、高级丝织品，秦汉时期埋宝钱（铜制的钱），魏晋开始埋纸钱，但还没有烧。魏晋佛教传入中原，拜火教认为烧纸钱后，能沟通阴阳，因此到了唐代，无论王公贵族还是普通士庶百姓，家有亲人过世，开始烧纸钱无数，于是烧纸钱的习俗就流传下来了。

3. 烧包袱：南纸店买的纸包袱，有的外面印有往生咒。或买素包袱，上头有一空格，写上祖先名讳，把包袱弄到家后，往里填纸钱、金银纸叠的元宝、对祖先或恩人的祝福、感恩、怀念等之类的信件，放在堂屋正中间，上头摆上饺子、酒肉，开始祭奠。因为战乱或其他原因远离家乡，不能回故乡和祖先坟茔，通过烧包袱，用火这一自然的力量邮寄给阴间，遥祭哀思。

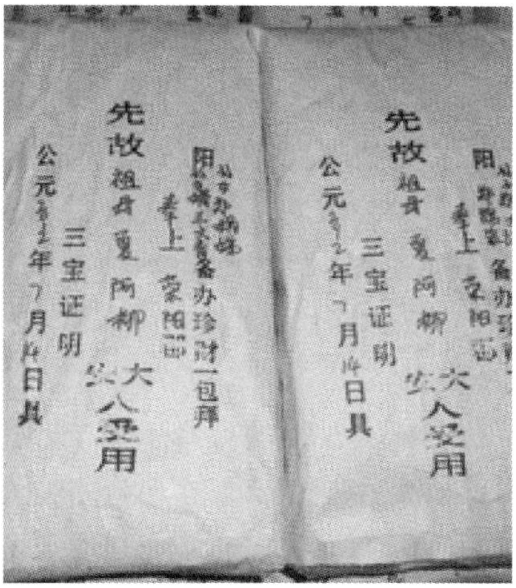

图 22　清明烧纸包袱

4. 望祭、网祭：比如天津人在深圳工作，若不能赶回家乡祭扫，可以到莲花山或梧桐山的某一高处，自己面望家乡所在的方向，默默地祈祷和拜祭。年轻人在网上建立祖宗牌位，把逝去亲人的照片贴上，网上点香、蜡烛，这种网祭更环保。

小知识：公祭轩辕黄帝

传说五千多年前神农氏当政，有一“有熊”部落的儿子，特有本事。他伐木为屋，煮米为粥，最重要的是发明了轮子车。于是人们尊他为轩辕，后改为“黄地”。黄地打败炎帝、蚩尤，统一各部落，势力越来越大，人们觉得他德配天地，是天上的帝星下凡，因此叫他“黄帝”。

视频：公祭轩辕黄帝

公祭轩辕黄帝典礼程序：恭读祭文，一是昭显祖宗功德、黄帝功德；二是把当时的国家大事通过恭读祭文向祖先敬告。2013 年祭黄帝文，“航母护海疆，

视频：公祭轩辕黄帝程序

神州遨太空”；2005 年中国台湾亲民党主席宋楚瑜去黄帝陵祭拜；2009 年，国民党荣誉主席连战也去拜祭黄帝陵。认祖归宗，是中华民族一个特别强烈的历史积淀的情结，中国人无论身在何地，只要有机会，一定要回来拜祭黄帝陵。

（二）踏　青

踏青又叫春游，和祭扫是清明两个主要的风俗活动。后者肃穆、回望过去，前者欢乐、憧憬未来。四月清明，春回大地，大自然一派生机勃勃，正是郊游的大好时光。民间谚语“清明踏青，攀个好亲”，这是一个容易产生爱情的日子：《白蛇传》白娘子清明踏青，碰上许仙祭扫回来借伞……唐代诗人崔护长安城南春游、口渴借水……

崔护年轻中进士，春风得意，清明郊游走累了，就在桃花烂漫、青砖碧瓦之间，他敲门借水喝，出来一美少女。崔小帅心旌动摇，对视之际，爱情的小火苗燃烧起来。回去后因为事情多忘了与美少女相遇之事，第二年清明他故地重游，大门紧锁、没人，怅惘之情油生，往人家墙上提笔一诗：去年今日此门中，人面桃花相映红。人面不知何处去，桃花依旧笑春风。隔了几天，崔护心有所动，回到此地，远远地听见门里传来哭声，往里一走，出来一老头告诉他，小姐去年见了公子后，茶饭不思，得了相思病，一年来病恹恹，几天前看到墙上题诗，更是滴水不进，刚刚咽气。崔护听后五雷轰顶，扑到灵床痛苦。奇迹出现，小姐一声叹息之间，悠悠活了过来，悲剧成了喜剧，二人喜结连理结为夫妻。

（三）蹴　鞠

祭奠追思感伤之余，蹴鞠、荡秋千等户外活动，融合了欢乐赏春的气氛。蹴鞠的球皮是用皮革做成，球内用毛塞紧。相传商代已有蹴鞠，战国时期流入民间，汉代成为军中游戏兼以练身习武。

故宫名画《宋太祖蹴鞠图（临摹本）》，画的正是宋太祖赵匡胤与其弟赵光义、宰相赵普等六人用白打方式（类似今天的花式足球）蹴鞠嬉戏的场景。马上天子赵匡胤蹴鞠技术当时鼎鼎有名。南宋大诗人陆游有诗《春晚感亭》：寒食梁州十万家，秋千蹴鞠尚豪华。

（四）荡秋千

秋千，意即揪着皮绳而迁移。它的历史很古老，最早叫千秋，后避讳，改为秋千。荡秋千是古代清明节习俗，古时秋千多用树桠枝为架，再拴上彩带做成，后来逐步发展为用两根绳索加上踏板的秋千。荡秋千不仅可以增进健康，而且可以培养勇敢精神，至今为人们特别是儿童所喜爱。

（五）插　柳

清明节是杨柳发芽抽绿的时间，民间有折柳、戴柳、插柳的习俗。人们踏青时顺手折下几枝柳条，可拿在手中把玩，也可编成帽子戴在头上，也可带回家插在门楣、屋檐、花轿上。谚语有“清明不戴柳，红颜成皓首”、“清明不戴柳，死后变黄狗”的说法，说明旧时清明折柳是普遍习俗。据说柳枝具有辟邪的功用，那么插柳戴柳不仅是时尚的装饰，而且有祈福辟邪之效了。

清明插柳植树的风习，据说是纪念发明各种农业生产工具并“尝百草”的神农氏；另一说是介子推死时所抱柳树翌年复活，晋文公赐名“清明柳”，并折柳成圈戴在头上。至于坟上插柳，则与《雨霖铃》柳永有关。柳永一生蹉跎、仕途不顺，但与下层劳动人民关系非常好，尤其是歌女舞女。柳永死时穷困潦倒，无人祭奠，因此每到清明，生前歌女为纪念柳永，来到他坟前聚会，传唱诗词歌赋并插柳，形成“吊柳会”。

（六）放风筝

放风筝也是清明时节人们所喜爱的活动。每逢清明，人们不仅白天放，夜间也放。夜里在风筝下面或风筝拉线上挂上一串串彩色的小灯笼，像闪烁的明星，被称为“神灯”。过去，有的人把风筝放上蓝天，剪断牵线，任凭清风送往天涯海角，据说这样能除病消灾，给自己带来好运。

清人潘荣陛所著《帝京岁时纪胜》记载：“清明扫墓，倾城男女，纷出四郊，提酌挈盒，轮毂相望。各携纸鸢线轴，祭扫毕，即于坟前施放较胜。”《清嘉录》记载：“春之风自下而上，纸鸢因之而起，故有‘清明放断鹞’之谚。”古人认为，放风筝不但是一种游艺活动，而且是一种巫术行为：放风筝可以放走自己的秽气。

（七）斗　鸡

古代清明盛行斗鸡游戏，自清明开始到夏至为止。中国最早的斗鸡记录，见于《左传》。到了唐代，斗鸡成风，不仅是民间斗鸡，连皇上也参加斗鸡。

如唐玄宗李隆基、明朝开国皇帝朱元璋等都喜欢斗鸡，央视六台播出的《斗鸡》故事情节中，一堆傻瓜似的父子参与宫廷斗鸡，最后还是斗鸡救了朱元璋的性命。《庄子》斗鸡的寓言故事，还斗出一个成语“呆若木鸡”：

齐宣王特别喜欢斗鸡，专门找驯鸡大师纪渻子训练自己的一只特别厉害的鸡。十天后齐王来取鸡，纪渻子说不行，鸡心浮气躁着；二十天后再取鸡，再拒绝，说是看见别的鸡影子马上就动起来不够沉稳；三十天后三取鸡，遭致三拒，说是见到鸡或人，眼珠子滴溜儿乱转浮躁之气未尽；第四十天，齐宣王拿来一只厉害鸡与纪渻子的训鸡斗，训鸡站在那儿，像个木头一样呆呆的，两个眼球不动，直视前方，不再浮躁（已达最高境界），另一只鸡吓得扭头就跑！这就叫“呆若木鸡”，不战而屈人之兵！

第三节　端午之旅*

端午节为农历五月初五，又称“端阳节、端五节、午日节、五月节、龙舟节、浴兰节”等，是流行于中国及汉字文化圈诸国的传统文化节日。端午节起源于中国，最初为古代百越地区（长江中下游及以南一带）崇拜龙图腾的部族举行图腾祭祀的节日，百越之地春秋时期（公元前 770—前 476 年）之前，有在农历五月初五以龙舟竞渡形式举行部落图腾祭祀的习俗。端午与春节、清明、中秋并称中国四大传统节日。自 2008 年起，端午节被列为国家法定节假日。2009 年 9 月，中国端午节被联合国教科文组织批准列入世界非物质文化遗产，成为中国首个入选世界非遗的节日。

一、端午起源

（一）浴兰节说

古人五月采摘兰草，盛行以兰草汤沐浴、除毒之俗。《大戴礼记·夏小正》

* 本节内容参考了央视 4 台《文明之旅》栏目 2012 年 6 月 18 日于丹教授主讲的“端午节的记忆”、2013 年 6 月 3 日陈连山教授主讲的“您不知道的端午节”、2014 年 5 月 26 日和 2015 年 6 月 15 日梅毅先生主讲的“粽叶飘香话端午”和“端午的秘密”。

“五月……煮梅为豆实也，蓄兰为沐浴也”，屈原《九歌·云中君》“浴兰汤兮沐芳华，采衣兮若英”，南朝梁人宗懔《荆楚岁时记》“五月五日谓之浴兰节”……浴兰节俗流传至唐宋时代，又称端午为浴兰之月。

（二）“恶日”说

先秦时期认为五月五日为恶月、恶日，且有“不举五月子”之俗，即五月五日生婴儿，不能抚养成人。一旦抚养则男害父、女害母，甚至出现“五月到官，至免不迁”、“五月盖屋，令人头秃”等说法。这一习俗从战国开始流行至汉代盛行不衰。

《史记·孟尝君列传》记载，孟尝君农历五月五出生，其父要其母不要生下他，认为“五月子者长于户齐，将不利其父母”。东晋大将王镇恶五月初五生，其祖父便给他取名为“镇恶”。宋徽宗赵佶五月初五生，从小寄养在宫外。因此，人们避“端五”讳，称之为“端午”。

（三）追念历史人物说

1. 纪念屈原

春秋时期楚怀王大臣屈原，倡导举贤授能、富国强兵，力主联齐抗秦，遭到贵族子兰等人的强烈反对，屈原遭馋去职，被赶出都城，流放到沅、湘流域。在流放中，屈原写下忧国忧民的《离骚》《天问》和《九歌》等不朽诗篇，独具风貌，影响深远（因而，端午节也称诗人节）。公元前278年，秦军攻破楚国京都。屈原眼看祖国被侵略，心如刀割，但是始终不忍舍弃祖国，于五月五日，在写下绝笔作《怀沙》之后，抱石投汨罗江身死，以自己的生命谱写了一曲壮丽的爱国主义乐章。

传说屈原死后，楚国百姓哀痛异常，纷纷涌到汨罗江边去凭吊。渔夫们划起船只，在江上来回打捞他的真身。渔夫拿出为屈原准备的饭团、鸡蛋等食物，“扑通、扑通”丢进江里，说是让鱼龙虾蟹吃饱了，就不会啃咬屈大夫的身体了。人们见后纷纷仿效，一位老医师则拿来一坛雄黄酒倒进江里，说是要药晕蛟龙水兽，以免伤害屈大夫。后来恐饭团被蛟龙所食，人们想出用楝树叶包饭，外缠彩丝，发展成粽子。以后每年的五月初五，就有了龙舟竞渡、吃粽子、喝雄黄酒的风俗。

2. 迎接伍子胥

在江浙一带流传很广，纪念春秋时期的伍子胥。伍子胥又叫伍员，楚国人，父兄均为楚王所杀，后来子胥弃暗投明，奔向吴国，助吴伐楚，五战而入楚都郢城。当时楚平王已死，子胥掘墓鞭尸三百，以报杀父兄之仇。吴王阖庐死后，其子夫差继位，吴军士气高昂，百战百胜，越国大败，越王勾践请和，夫差许之。子胥认为应彻底消灭越国，夫差不听。吴国太宰伯嚭受越国贿赂，谗言陷害，夫差信之，赐子胥宝剑，子胥以此死。子胥本为忠良，视死如归，在死前对邻舍人说："我死后，将我眼睛挖出悬挂在吴京之东门上，以看越国军队入城灭吴"，后自刎而死。夫差闻言大怒，令取子胥之尸体装在皮革里，于农历五月五日投入大江，因此相传端午节亦为纪念伍子胥之日。

3. 追念孝女曹娥

此说出自东汉《曹娥碑》。曹娥是东汉绍兴人，父亲曹盱（一说是渔夫，一说是术士，在江上迎接涛神伍子胥做法）溺于舜江，数日不见尸体。当时孝女曹娥年仅十四岁，昼夜沿江号哭，过了十七天（旋涡暗示父亲沉尸处），在农历五月五投进舜江旋涡，五日后抱出父尸。当地官员和百姓特别感动，就给她树了一个曹娥庙，并把舜江改为曹娥江。对此，唐玄宗有诗，"感婆娑于孝女，悯枯槁之忠臣。"

4. 源于夏至说

首推黄石先生，1963 年他在《端午礼俗史》（香港秦兴书局 1963 年出版）一书中提出，端午节如涓涓之水发源于远古时代，三代汇为川流，秦汉扩为河，唐宋纳百川而成湖海。1983 年，刘德谦在《端午始源又一说》（《文史知识》1983 年 5 期）中，认为端午来自夏、商、周时期的夏至，且提出端午节中"斗百草"、"采杂药"等与屈原无关，理由有三：

（1）权威性的岁时著作《荆楚岁时记》并未提到五月初五日要吃粽子的节日风俗，却把吃粽子写在夏至节中。至于竞渡，隋代杜台卿所作的《玉烛宝典》把它划入夏至日的娱乐活动，可见不一定就是为了打捞投江的伟大诗人屈原；

（2）端午节风俗中的一些内容，如"踏百草"、"斗百草"、"采杂药"等，实际上与屈原无关；

（3）《岁时风物华纪丽》对端午节的第一个解释是："日叶正阳，时当中。"即端午节正是夏季之中，故端午节又可称为天中节。

二、端午饮食

（一）粽　子

民谣："粽子香，香厨房。艾叶香，香满堂。桃枝插在大门上，出门一望麦儿黄。这儿端阳，那儿端阳，处处都端阳"，"五月五，是端阳，门插艾，香满堂，吃粽子，撒白糖，龙舟下水喜洋洋。"端午节吃粽子，古往今来，中国各地都一样。如今的粽子更是多种多样，璀璨纷呈，一般都用箬壳包糯米，但内含的花色则根据各地特产和风俗而定，著名的有桂圆粽、肉粽、水晶粽、莲蓉粽、蜜饯粽、板栗粽、辣粽、酸菜粽、火腿粽、咸蛋粽等等，大体上"南甜北咸"。

视频：端午粽子

春秋时期，人们用茭白叶包黍米成牛角状，称"角黍"；用竹筒装米密封烤熟，称"筒粽"。粽子最早的记载，是西晋新平太守周处所写的《风土记》"仲夏端午，烹鹜角黍"。2010 年 12 月，江西德安县宋代古墓出土了两个实物粽子，据考证，这是目前发现的世界上最早的实物粽。

粽子起初与端午节没有关系，其寓意是象征夏至已到。粽叶紧紧包裹着米或黍子，象征着阳气包裹着阴气，因为夏至时候阳气达到极盛，阴气开始复活。南朝梁人宗懔《荆楚岁时记》，是保存下来的最早的一本岁时记录，书中明确地说夏至吃粽子。

《西游记》的朱紫国，是虚构的，但古代中国王公贵族、达官显宦确实吃粽子。唐代王仁裕所写《开元天宝遗事》，记载了唐玄宗时代后宫吃粽子的情况。唐玄宗和杨贵妃端午一块儿吃粽子，不像现代剥了叶就吃，得有游戏：小粽子剥了，个个晶莹剔透，放在大盘子里，然后唐玄宗、杨贵妃、嫔妃、美人、宫女，用小角弓射粽子，谁射中了粽子，谁就吃那个粽子，当然别人也不敢怎么射，最后粽子吃得最多的肯定是杨玉环，真是"角弓一射百媚生，六宫粉黛无颜色"。

西游记中的粽子

（二）五毒饼

古代民谚有"端午节，天气热。五毒醒，不安宁"之说，古代典籍《礼记》中的《月令》说端午"是月也，日长至，阴阳争，死生分"。这是说端午时昼长夜短，阳盛阴生，阴阳之间斗争激烈，几乎所有生物半生半死，在这个恶月里，天气热起来了，五毒纷纷出笼，人们衣服穿得少，易受到五毒伤害。

五毒为蛇、蝎、蜈蚣、蟾蜍和壁虎，吃五毒，寓意着一年不受五毒侵害。后来觉得壁虎没什么毒，有人就把壁虎换成了蜘蛛。清代《燕京岁时记》里的五毒饼，已经做得非常好了，有两种做法：一是用枣木刻成五毒形象的模子（月饼模子），跟月饼一样、拍出来之后提油，抹上糖浆烘烤；二是酥皮的，不用模子，烤完之后用五毒形象红印盖上。五毒中的蟾蜍（又叫癞蛤蟆），捕食的时候，用舌头粘昆虫，古人没有慢镜头，认为它是哈毒气，把虫子熏晕了，于是觉得癞蛤蟆很毒，加上它长相又丑，因此五月五日，人们就在恶月恶日里消灭蟾蜍。吃蟾蜍还有一原因：从汉代开始有一风俗，如果五月初五捉了癞蛤蟆、打死并埋掉它，可以辟兵，即免除兵灾兵祸。

（三）“五黄”

吃“五黄”，江南地区最为流行，它们是：黄鳝、黄鱼、黄瓜、鸭蛋黄和雄黄酒。吃鸭蛋黄，是因为屈原抱石投江后，人们纷纷往江里投粽子和鸭蛋，以免鱼虾等吃屈原的肉身；雄黄酒，是因为有老中医担心蛟龙伤害屈原身体，拿一坛酒倒进江里，蛟龙还真被熏晕了，并被剥皮抽筋。

其实，雄黄酒是不能喝的。雄黄的成分是硫化砷，加热之后变成三氧化二砷、砒霜，非常有毒！现在买的雄黄酒，标签上注明“切勿食用”、“外用”、“开光写符、辟邪洒净、止痒驱蚊虫”等字样。

（四）猫头鹰汤

最早出现的端午时食，应属西汉的“枭羹”，即猫头鹰汤。为什么端午要喝猫头鹰汤？因为在古人心中，猫头鹰是不孝鸟、恶鸟，说猫头鹰小时候，喂大了就先把妈妈给吃了。古代孝治天下，孝是最高的道德标准之一，所以古代端午节不仅厌恶五毒，皇帝和大臣还喝猫头鹰肉汤。

猫头鹰乍一看确实吓人：圆圆的脑袋、大大的眼睛、长毛脸、鹰钩鼻、长鸟身、声音恐怖，看着听着确实吓人，但它是国家二级保护动物、益鸟，晚上吃田鼠，一年要吃一千多只，动物学家也没有观察到猫头鹰吃父母的行为，所以是古代对猫头鹰的一种误解。

（五）大蒜蛋

河南、浙江等省农村每逢端午节，家庭主妇起得特早，将事先准备好的大蒜和鸡蛋放在一起煮，供一家人早餐食用。有的地方，还在煮大蒜和鸡蛋时放几片艾叶。早餐食大蒜、鸡蛋、烙油馍，这种吃法据说可避“五毒”，有益健康。

（六）茶蛋

江西南昌等地区，端午节要煮茶蛋和盐水蛋吃，蛋有鸡蛋、鸭蛋、鹅蛋。蛋壳涂上红色，用五颜六色的网袋装着，挂在小孩子的脖子上，意为祝福孩子逢凶化吉，平安无事。

（七）煎堆

福建晋江等地区，端午节家家户户吃“煎堆：用面粉、米粉或番薯粉和其他配料调成浓糊状煎成。相传古时闽南一带在端午节之前是雨季，阴雨连绵不止，民间说天公穿了洞，要“补天”，吃“煎堆”后雨停了，人们说天补好了。

（八）打糕

端午节也是吉林省延边朝鲜族人民隆重的节日。这一天最有代表性的食品是清香的打糕：将艾蒿与糯米饭，放置于独木凿成的大木槽里，用长柄木锤打制而成的米糕。这种食品很有民族特色，又可增添节日的气氛。

三、端午习俗

（一）龙舟竞渡

关于赛龙舟的目的，有两种说法。一说：屈原死后，大家都想赶快救他，拼命划船，谁划得快，谁就能救着屈原；二说，龙舟竞渡强调辟邪。龙舟出发前，船上放瘟神像或弄一草包（代表邪气）。龙舟出发后，谁先到达终点，便把瘟神像或草包扔到河里，代表赢家最先扔掉邪气（输家也扔掉了，只是扔出去晚些而已），所以龙舟竞渡等于是竞相驱邪、辟邪、送瘟神，也意味着百舸争流，奋发向上。比赛时，场面热闹，锣鼓喧天；比赛结束，人船上岸，船“啪”地倒扣起来，一年不用（龙舟非一般船只，专用于比赛和辟邪）。船扣起来后还得盖上，悄悄地回家，以免扔掉的邪气又跟着龙舟队员一起回来。

（二）悬艾叶、菖蒲、蒜头

艾、菖蒲和蒜被称为“端午三友”。艾与菖蒲含有芳香油、与蒜都有杀菌作用。端午期间，时近夏至，正是寒气暑气交互转换之时，从饮食到穿衣、行动都得注意。民谚："未吃端午粽，寒衣不可送；吃了端午粽，还要冻三冻"、"吃过端午粽，再把棉衣送"、"清明插柳、端午插艾"。古代人缺乏科学观念，误以为疾病皆由鬼邪作祟所至。于是端午节这天，人们以菖蒲作宝剑，以艾作鞭子，以蒜头作锤子（被称"三种武器"），以退蛇、虫、病菌，斩除妖魔。

图 23　挂艾草

采艾叶、菖蒲等百药，最好端午前一两天（鸡未鸣前出发），此时阳气最盛，致药性最浓。艾草晒干后泡水、煮水给小孩洗澡，可防病治感冒；晒干熏牛、蜜蜂，可防病；菖蒲叶熬水，女人坐月子可用来洗头、洗澡（北京师范大学某知名文化学者坐月子期间，就用所带女博士父亲熬的菖蒲叶水洗头）。宋代大文豪苏轼也留诗《浣溪沙》："轻汗微微透碧纨，明朝端午浴芳兰。"

关于挂艾草，第一，中国最早历法《夏小正》记载，五月蓄兰（或蓄药），要采集一些菖蒲、艾蒿（虫子一般不吃），以辟虫。因此，古人端午节把这两种植物挂在门上，用来辟邪。第二，挂艾草有宗教性意义。道教主张用宝剑驱鬼辟邪，而菖蒲叶像宝剑，所以叫蒲剑。第三，与民间传说唐末黄巢起义有关。黄巢攻城前见一逃难妇女抱着三四岁的大孩子、拉着一两岁的小孩子，问其缘由。女人说大的是侄子，哥哥已死；小的是自己的，丈夫还在，她丈夫交代了一定要保护好哥哥的孩子，因为自己的孩子没了的话还可以再生，而侄子死了的话哥哥就绝后了。黄巢告诉她不用跑了，赶快回家，在自家门上挂一束艾草，可避兵祸。黄巢大军端午节进城，由于妇女把挂艾草的事告诉了全村人，全村人因此得以保命。大家觉得艾草不仅能辟邪，还能保命，从此端午节家家挂艾草。

（三）佩香囊

端午节小孩佩香囊，有避邪驱瘟之意，实际是用于襟头点缀装饰。香囊中一般装有芳香化浊、醒神开窍的中药，如白芷、藿香、香附、薄荷、艾叶、朱砂和雄黄等，外包丝布，清香四溢，再以五色丝线弦扣成索，作各种不同形状，结成一串，形形色色，小巧可爱。在中国某些南方城市，青年男女还用香囊来表达浓浓爱意。古人佩戴香囊十分讲究，老年人多佩戴寓意长寿、平安图案的香囊；未婚男青年多佩戴由中意女子制作的香囊；小孩多佩戴绣有飞禽走兽图案的香囊。

（四）系五彩线

中国古代崇敬五色（青红黄白黑），以五色为吉祥色。节日清晨，大人起床后第一件大事便是在孩子手腕、脚腕、脖子上拴五色线。系线时，禁忌儿童开口说话。五色线不可任意折断或丢弃，只能在夏季第一场大雨或第一次洗澡时，让雨水或洗澡水冲去。据说，戴五色线的儿童可以避开蛇蝎类毒虫的伤害，五彩线扔到河里，意味着河水将瘟疫、疾病冲走，儿童由此可以保安康。

（五）挂钟馗像

钟馗在道教中，属于门神和驱邪避祟的神。钟馗捉鬼是端午习俗。在江淮地区，家家都悬钟馗像，用以镇宅驱邪。

《唐逸史》说，开元年间，唐玄宗自骊山华清池讲武回宫，疟疾大发，梦见一大一小的二鬼。小鬼穿大红无裆裤，偷杨贵妃之香囊和玄宗的玉笛，绕殿而跑。大鬼则穿蓝袍戴帽，捉住小鬼，挖掉其眼睛，一口吞下。玄宗喝问，大鬼奏曰：臣钟馗，终南进士，貌丑辍选，愤而自杀，皇上赐我进士出身，蓝袍下葬，愿为陛下除妖魔。玄宗醒后，疟疾痊愈，于是令画家吴道子，照梦中所见画成钟馗捉鬼之画像，通令天下于端午时张贴，以驱邪魔。清兵入关后，对红色情有独钟，钟馗蓝袍变成了红袍。

（六）立蛋、撞蛋

端午节这天，太阳照在北半球，地球和太阳的引力相互拉扯，正午十二点时，太阳引力最为平衡，因此这个时候立蛋最容易。

图 24　盘古开天

视频：端午立蛋的风俗

鸡蛋，在中国古代文化中是生育与生命的象征。传说，开天辟地的盘古在鸡蛋中化孕，“天地混沌如鸡子，盘古生其中”（《艺文类聚》），商的始祖契为“见玄鸟堕其卵，简狄取吞之，因孕”而生，秦始祖大业“玄鸟孕卵，女吞之”受孕（《史记》）。端午节撞蛋、顶蛋，寓意家庭和睦、其乐融融（蛋破输）。

（七）斗草

视频：斗草的风俗

汉代以前无斗草记载。远古先民艰苦求存，生活单调，闲暇之余以斗虫、斗草、斗兽等为戏自娱。传说“神农尝百草”形成中医药学后，每年端午节群出郊外采药，插艾门上，以解溽暑毒疫，衍成定俗；收获之余，往往举行比赛，以对仗形式互报花名、草名，多者为赢，兼具植物知识、文学知识之妙趣；儿童则以叶柄相勾，捏住相拽，断者为输，再换一叶相斗。白居易《观儿戏》：“弄尘或斗草，尽日乐嬉嬉。”端午斗草分武斗和文斗两种。

1. 武斗　以人的拉力和草受力的强弱来决定输赢的斗草，称为“武斗”。王建《宫词》吟咏斗草游戏：“水中芹叶土中花，拾得还将避众家，总待别人般数尽，袖中拈出郁金芽。”晏殊《破阵子》下阕：“巧笑东邻女伴，采桑径里逢迎。疑怪昨宵春梦好，元是今朝斗草赢，笑从双脸生。”唐玄宗的堂妹安乐公主，每到端午节特喜欢斗草。因为性格好强有一次出“老千”，派人把祇洹寺维摩诘佛像的胡子、东晋大诗人谢灵运的胡子全揪下来，揣在袖子里，拿一根穿插在草梗中，赢了比赛。

2. 文斗就是对花草名，采花多或对仗水平高的人为胜者。《红楼梦》第62回宝玉生日，香菱和豆官几个就来了一场文斗好戏。香菱说：“我有观音柳，我有罗汉松。”突然豆官说“我有姐妹花”，这下把大家难住了。香菱说“我有夫妻穗”，豆官见香菱答上了不服气：“从来没有什么夫妻穗!”香菱争辩道：“一箭一花为‘兰’，一箭数花为‘穗’。上下结花为‘兄弟穗’，并头结花叫‘夫妻穗’，我这个是并头结花，怎么不叫‘夫妻穗’呢？”豆官一时被问住了，只好拿香菱多日未见薛蟠想老公了来取笑她，之后姐妹几个扭作一团，嬉戏打闹，非常开心，最后宝玉也采了些草来凑热闹。

（八）铸镜

古代端午节是造镜子的圣日。一般出土的古镜中，镜子背后的铭文都显示是五月所造，因为这时阳气极盛，可以抵御妖魔鬼怪。古人还有一种特殊的镜子，叫照妖镜，唐代李商隐有诗云：“我闻照妖镜，及与神剑锋。”铸镜最有名的是扬州师傅，五月初五这天取湖中净水铸镜。唐朝扬州师傅的铸镜是献给皇帝的，白居易专门写诗表现扬州师傅铸镜的含义：“太宗常以人为镜，鉴古鉴今不鉴容。乃知天子别有镜，不是扬州百炼铜。”

第四节　中秋之旅*

中秋和春节、清明、端午并列中国四大重要传统节日。中秋佳节，家人团聚，赏月吃饼话家常。“海上生明月，天涯共此时”，“今人不见古时月，今月曾经照古人”，“此生此夜不长好，明月明年何处看”，“菊花开时乃重阳，

* 本节内容参考了央视4台《文明之旅》栏目2011年9月12日苏叔阳先生主讲的“中秋节的家国情怀”、2012年9月24日和2014年9月8日于丹教授主讲的“中秋的情感密码”和“诗情画意话中秋”、2013年9月16日刘魁立先生主讲的“古往今来话中秋”。

凉天佳月即中秋”，就让我们随着古人古诗古月古情一起文化中秋吧。

一、中秋起源

“中秋”一词，最早见于《周礼》。阳历（太阳在黄道中的位置）把一年分成四季，七、八、九月为秋，八月在中间，称“仲秋”，十五日在八月中间，八月十五日称“中秋”。唐朝初年，中秋节成为固定节日，又称“端正月”；宋朝时盛行中秋节；明清时期，与元旦（春节）齐名，成为我国的主要节日之一。因为月亮的关系，中秋节又称“月亮节”和“团圆节”。

二、中秋节庆

1. 女儿节与蟾蜍崇拜

“男不拜月，女不祭灶”，中秋节又称“女儿节”。因为嫦娥，中秋节是一个阴性的节日。灶王爷要男祭，因为灶王爷要跟他“上天言好事”，轮不到女人说话。女性拜月，愿自己“貌似嫦娥、面和皓月”，希望自己手更巧，能遇如意郎君，多子多福。

视频：中秋拜月

传说嫦娥飞月后变成了蟾蜍，成为月精、月神。蟾蜍是古代很多部落或族群的一个非常重要的崇拜物。蛙类非常多产，肚子一瘪一鼓，类似月圆月缺。作为一种生殖崇拜，蟾蜍生殖能力极强，一只蟾蜍一次可产卵五千枚，加之它夜间活动的特性，人们把蟾蜍看作月亮的化身。女子中秋拜月，祈盼家族多子多福。

2. 情人节

中秋夜，有些少数民族地区，女孩子喜欢哪家的后生，就到那家菜院“偷”菜，摘完后还要高声喊“我把你家的菜拿走了啊，你上我们家喝茶去”。这是在约会心仪对象，希望月老能牵线搭桥促成好事。

每逢中秋夜，苗民沐浴着如丝缕的月光，吹奏悠扬的芦笙，跳起苗家歌舞。青年们在“闹月”活动中互相寻找意中人，互相表白要像“月亮”和“水清”一样：心地纯洁明亮，永结百年之好。苗族古老传说中，月亮是个忠诚憨厚、勤劳勇敢的青年。年轻美丽的水清姑娘，拒绝了九十九州九十九个向她求婚的小伙，深深爱上了月亮小伙子。最后，她经历了太阳制造的种种磨难，终于和月亮幸福地结合一起。

小知识：

唐玄宗漫游月宫及曲之

相传，唐玄宗与申天师及道士鸿都中秋望月，玄宗突然兴起游月宫之念。于是天师作法，三人一起步上青云，漫游月宫。但月宫守卫森严，无法进入，只能在外俯瞰长安皇城。在此之际，忽闻仙声阵阵，清丽奇绝，宛转动人！玄宗素来熟通音律，于是默记心中。这正是“此曲只应天上有，人间能得几回闻”的“霓裳羽衣曲”！

视频：《霓裳羽衣曲》

玄宗返回途经潞州（今山西长治），月光如洗，人间一片寂静，忆起月宫仙娥的舞蹈和曲子那么迷人，申天师乘机劝玄宗用玉笛演奏一遍，离开时又撒了一些钱。十几天后，潞州官府报告：八月十五日夜，听到了天上仙乐，捡到了金钱，这是一种祥瑞。

3. 中秋节舞草龙

中秋节，少数民族如彝族阿细人的“跳月”、苗族的“闹月”等，体现了人们对月亮的欣赏、崇拜和敬畏，也表现了对自己的丰收、美满生活的一种感恩。在浙川桂等很多地区，中秋节还有舞草龙习俗：以稻草搓成粗大绳索，再扎成龙首、龙尾，组装成长龙，绳索上插上点燃的香枝，村民在晒场中间，舞起被点燃的草龙，伴随着草龙飞舞，火星四溅，极其壮观。

视频：中秋节舞草龙

相传，当年朱元璋的军队，在浙江一个小村庄修整时，当地百姓不但为他献了宝马，还在中秋节这天为他舞草龙。朱元璋看了非常高兴，认为这是做皇帝的预兆。朱元璋登基称帝后，舞草龙的习俗也就世代流传下来。

4. 中秋赏月

提到月饼，大家就想到饼是甜的、月是圆的，月饼寓意“甜甜蜜蜜、团团圆圆”。月饼，最初源于唐朝军队祝捷食品。唐高祖年间，大将军李靖征讨突厥靠“胡饼”隐蔽传话得胜，八月十五日凯旋。当时吐鲁番商人向唐朝皇帝进献大批美女以饼祝捷，高祖李渊指空中明月说："应将胡饼邀蟾蜍"。此后，吃"胡饼"成为每年习俗。有一年唐玄宗与杨贵妃赏月吃饼，玄宗觉得胡饼好吃但名字未必好，贵妃抬头见月，冠之名为"月饼"。

南宋吴自牧《梦粱录》一书已有"月饼"一词，但对中秋赏月、吃月饼的描述，则见于明代《西湖游览志会》："八月十五日谓之中秋，民间以月饼相遗，取团圆之义"。民间普及月饼，据说是明朝开国皇帝朱元璋在谋士刘伯温帮助下，中秋夜借月饼传递起义信号，推翻元朝统治后下旨必吃月饼。《帝京景物略》记载："八月十五日祭月，其祭果饼必圆，分瓜必牙错瓣之如莲花。……月饼月果，戚属馈相报，饼有径二尺者。女归宁，是日必返其家，曰团圆也。"

三、中秋传说

1. 嫦娥奔月

后羿昆仑山射落九日，王母娘娘赐他两颗仙丹（吃一颗可长生不老、吃两颗可上天为仙）。后羿娶妻嫦娥后，把仙丹交给她保管。后羿的徒弟逢蒙趁师父不在家欲夺取仙丹，嫦娥情急之下把仙丹放进口中，误吞而升天。服下仙药的嫦娥身子渐渐飘离地面，广邈清冷的天空中，该去哪里呢？抬头望见皎洁的月光，嫦娥终于决定向那轮圆月冉冉飞去。

2. 吴刚伐桂

传说吴刚是天庭中的一员粗鲁天将，被嫦娥的美丽深深吸引，不顾嫦娥的拒绝，一次又一次到月宫纠缠她。嫦娥不堪其扰，于是说月中桂树枝条太长，今夜吴刚若能将它砍断，便答应下嫁。吴刚心花怒放，抡起斧头就砍。可每次拔出斧头，桂树便恢复如初。"吴刚捧出桂花酒，喝了一口又一口"，直到今天仍在砍当中。又传说，汉代西河人吴刚，本为樵夫，醉心于仙道，但始终不肯专心学习。天帝震怒，把他留在月宫，令他在月宫伐五百丈的月桂树，并说："如果你砍倒桂树，就可获仙术。"《山海经》中，吴刚的妻子让三个儿子飞月陪伴，变成了蟾蜍、玉兔和蛇。

3. 玉兔捣药与兔儿爷

据说嫦娥身体变轻、将要升空时，惶恐中的她想抓住什么东西压沉身子，便抱起了一直喂养的白兔。白兔当然无法留住嫦娥，随她一起上了月亮，成为神话中一抹可爱温馨的色彩。玉兔有一只捣药杵，夜晚在药臼中捣制长生不老的灵药。大家还记得么，《西游记》中这只小玉兔任性溜下凡间，舞起捣药杵与孙悟空对战？那兔儿爷又是怎么回事呢？

相传某京城闹瘟疫，百姓纷纷病倒，吃药无济于事。月神嫦娥（分管人体健康，相当于今天的卫生部长）不忍百姓受苦，派下属玉兔（捣药官）到人间消除瘟疫。玉兔挨家挨户治病，帮助百姓度过劫难。立功的玉兔不求答谢，只借百姓的衣服穿，于是就有了不同形象的玉兔。百姓为感谢玉兔，便在每年中秋拜玉兔，并把它尊为“兔儿爷”。

玉兔或扮成武将头戴盔甲、身披战袍，或背插纸旗、纸伞，或坐或立，坐则有麒麟虎豹等。玉兔是女性，虎豹为阳，寓意“柔能克刚，阴柔相济”。今天，兔儿爷已转变为儿童的中秋节玩具。

人们为什么会愿意花时间去看月、赏月、过中秋呢？是因为月亮上有嫦娥、吴刚或是玉兔么？因为月满、人团圆太不容易了。月亮文化跟太阳最大的不同，就是它圆满的时候太稀少了（圆满太少、月圆不易）。太阳总是一个、热的、圆的、发光的，它就像人永恒的进取心。但月亮初一为“朔”，几乎看不见；初二的月亮，一点点月牙；十五为“望”，圆满。望朔之间，阴晴无定，盈极而亏，亏极而盈。

中国人讲究一阴一阳（《易经》）。中国最大的阴阳，是太阳与太阴之像。白天穿着职业装、在太阳下工作，人们应该向太阳去学习恒久的进取。但夜晚，换上休闲装，回家，回归自己，该跟月亮学学阴晴圆缺的平常心。可怕的是现在，有没有月亮无所谓了，“太阳下山，开灯加班”，若停电，咱手机还有照明功能呢！人们还是在进取心下，为房贷、升职、加薪或职称等奔波劳碌，人们已经不需要秉烛夜游了，到处是灿灿灯火，到处是不夜城。所以中秋夜，当相隔两地的夫妻和情侣托月遥寄思念之情的时候、两地赏月的时候，也有人还在职场中、电脑旁或智能手机上找中秋月、满月、圆月，美其名曰：哪有时间赏月啊，电脑、手机上的中秋月比窗外的月亮好看多了……

月亮阴晴圆缺，给人恒久希望；中秋佳节，月亏极圆：可以放下手边的工作，陪老人小孩看月亮，陪爱人、朋友赏月；终于等到发薪的日子，可以打牙祭“搓一顿”了，可以汇款回家，可以给心上人送礼物，可以给孩子买玩具……异乡之后思故乡，有时间对着家乡的方向，“举杯邀明月”、托情寄思，可以想家想亲人，“但愿人长久，千里共婵娟”。

“天下熙熙，皆为利来；天下攘攘，皆为利往”，白天的职场打拼，到了晚上，该放一放了，尤其是中年以后，历经酸甜苦辣、悲欢离合之后，月亮真的对我们越来越重要了。月夜之时，“仰头望月，月亮不会嫌弃你、埋怨你、辜负你，一生年华，什么时候愿意看，万古明月，永在天心”。

四、中秋诗词

（一）苏轼与《水调歌头·明月几时有》

丙辰中秋，欢饮达旦，大醉，作此篇，兼怀子由。

明月几时有？把酒问青天。不知天上宫阙，今夕是何年。我欲乘风归去，又恐琼楼玉宇，高处不胜寒。起舞弄清影，何似在人间。转朱阁，低绮户，照无眠。不应有恨，何事长向别时圆？人有悲欢离合，月有阴晴圆缺，此事古难全。但愿人长久，千里共婵娟。

苏轼这首词以月起兴，以与弟弟苏辙七年未见之思念情为基础，围绕中秋明月展开想象和思考，把人世间的悲欢离合之情纳入对宇宙人生的哲理性追寻之中，反映了作者复杂而又矛盾的思想感情，又表现出作者热爱生活与积极向上的乐观精神。

词作上片反映执著人生，下片表现善处人生。落笔潇洒，舒卷自如，情与景融，境与思偕，思想深刻而境界高逸，充满哲理，是苏轼词的典范之作。

这首词近千年来，一直为人传唱、诵读，公认为是写中秋月、兄弟情的举世最佳作品，无数文学家、诗人加以评述，在此不再赘述。只觉得作者从古到今、从天到地、从月到人、从国到家、从事业到兄弟、从情趣到理趣、从理想到现实，无出其右。

（二）苏轼其他月作品

《月饼》：“小饼如嚼月，中有酥和饴。”《江月》：“菊花开日乃重阳，凉天佳月即中秋。”《中秋月》：“此生此夜不长好，明月明年何处看。”《卜算子》：“缺月挂疏桐，漏断人初静。谁见幽人独往来，飘渺孤鸿影。惊起却回头，有恨无人省。拣尽寒枝不肯栖，寂寞沙洲冷。”《前赤壁赋》：“惟江上之清风，与山间之明月。取之无禁，用之不竭。是造物者之无尽藏也。”

因为月亮，有人拿中国伟大的诗人李白与中国文学“全能冠军”苏轼对比，认为苏轼是“中国古代知识分子的典型代表，既有入世的担当，又有超越的潇洒，一生与明月相伴，与明月是今生今世永不背弃的朋友。”李白则是“仙儿，没法学，没什么可仿效的地方。”

（三）李白作品

《赠崔侍郎》：“长剑一杯酒，男儿方寸心。”《月下独酌》：“我歌月徘徊，我舞影零乱。”《静夜思》：“床前明月光，疑是地上霜。举头望明月，低头思故乡。”《闻王昌龄左迁龙标遥有此寄》：“我寄愁心与明月，随君直到夜郎西。”《峨眉山月歌》：“峨眉山月半轮秋，影入平羌江水流。夜发清溪向三峡，思君不见下渝州。”《关山月》：“明月出天山，苍茫云海间。长风几万里，吹度玉门关。”《把酒问月》：“青天有月来几时，我今停杯一问之。……今人不见古时月，今月曾经照古人。古人今人若流水，共看明月皆如此。唯愿当歌对酒时，月光长照金樽里。”

李白对月亮有一种狂热的喜爱，其诗集中提到月亮不下三百处，给月亮起了几十种好听的名字：天月、山月、花月、禅月等等，“明月”一词使用过四十多次。李白在月亮面前，过于天真与任性。他思乡、喝酒、唱歌跳舞、送友人等等，都和月亮打商量，月亮能帮李白办一切事，月亮也答应他了。

（四）杜甫作品

《游洞庭湖》：“且将洞庭赊月色，将船买酒白云边（向月亮赊账买酒喝的正是杜甫的好朋友李白）。”《月夜》：“今夜鄜州月，闺中只独看。遥怜小儿女，未解忆长安。香雾云鬟湿，清辉玉臂寒。何时倚虚幌，双照泪痕干。”《月夜忆舍弟》：“露从今夜白，月是故乡明。”《宿府》：“永夜角色悲自语，中天月色好谁看。”《白帝城最高楼》：“杖藜叹世者谁子？泣血迸空回白头。”

于丹说，杜甫的明月，“没有李白或苏轼的安慰和温暖，是悲苦的、照得见的，多是凄凉、别怨、悲愁的。在他乡没心思谈月亮，故乡的月亮才是明的”。

（五）其他作品

张九龄《望月怀远》：“海上生明月，天涯共此时。”《寒山（无题）》：“圆满光华不磨莹，挂在青天是我心。”谢庄《月赋》：“隔千里兮共明月。”王勃《送杜少府之任蜀州》：“海内存知己，天涯若比邻。”皮日休《天竺寺八月十五日夜桂子》：“玉颗珊珊下月轮，殿前拾得露华新。至今不会天中事，应是嫦娥掷与人。”杜牧《寄扬州韩绰判官》：“二十四桥明月夜，玉人何处教吹箫？”

李商隐《嫦娥》："嫦娥应悔偷灵药，碧海青天夜夜心。"

姜夔《扬州慢·淮左名都》："二十四桥仍在，波心荡，冷月无声。"石曼卿（应对联）："天若有情天亦老，月如无恨月长圆。"王建《十五夜望月》："今夜月明人尽望，不知秋思落谁家。"

参考文献

[1] 陈玢．中国文化全知道[M]．北京：北京联合出版公司，2014.

[2] 彬彬．孟子・庄子・老子[M]．呼伦贝尔：内蒙古文化出版社，2007.

[3]〔明〕洪应明，刘默．菜根谭详解[M]．北京：中国华侨出版社，2013.

[4] 李宝库．中华孝道故事[M]．北京：世界知识出版社，2009.

[5]〔清〕曾国藩，姜军．曾国藩家书[M]．汕头：汕头大学出版社，2014.

[6] 汪艳菊．中国古典诗词精品赏读：李白[M]．北京：五洲传播出版社，2005年.

[7] 林语堂，张振玉．苏东坡传[M]．长沙：湖南文艺出版社，2016.

[8] 李叶．彩绘全注全译全解黄帝内经[M]．北京：北京联合出版公司，2014.

[9] 杨建峰．养生必须调五脏[M]．南昌：江西科学技术出版社，2014.

[10] 奉泉．四季养生[M]．南昌：江西科学技术出版社，2014.